In gleicher Ausstattung bereits erschienen:

Helmut Böger/Gerhard Krüger – **Berühmte und berüchtigte Bonner**
Sven Loerzer/Ulrich Deupmann – **Berühmte und berüchtigte Münchner**
Helmut Böger – **Berühmte und berüchtigte Wuppertaler**

Mit Abbildungsvorlagen versorgten uns:

Archiv Diakoniewerk, Kaiserswerth; Archiv Inge Spoerl, Rottach-Egern; Deutsches Institut für Filmkunde, Frankfurt; Dumont-Lindemann Archiv, Düsseldorf; Film-Institut der Landeshauptstadt Düsseldorf; Hermann-Smeets-Archiv/Bilker Heimatfreunde, Düsseldorf; Klaus Kastenholz, Düsseldorf; Helmut Kettler, Neuss; Bernd Nanninga (Fotos Beuys), Düsseldorf; Presse-Bilderdienst Horst Müller, Düsseldorf; Stadtarchiv Düsseldorf; Volkstheater Millowitsch, Köln.

Dank an Frank Schubert

Lithos: Peter Karau GmbH, Bochum
Satz: data-convert, Wuppertal
Druck und Bindung: Fuldaer Verlagsanstalt GmbH, Fulda
ISBN 3-927283-08-8

BERÜHMTE
&
BERÜCHTIGTE

Klaus Kastenholz

DÜSSELDORFER

30 Porträts

Graphium **press**

Inhalt

Vorwort

Heinrich Heine und Peter Kürten in einem Atemzug. Paßt das? Der berühmte Dichter und ein berüchtigter Massenmörder? Verzeihung, Herr Heine – es paßt. Zumindest hier. Denn beide, Poet und Killer, wirkten in Düsseldorf, wenn auch jeder auf seine Weise. Damit sollten wir sie großzügig »Düsseldorfer« nennen dürfen. Sie und viele andere, die im folgenden Erwähnung finden.

Und wir müssen unbedingt einen Verdacht aus der Welt schaffen: Das vorliegende Buch will sich keinesfalls zwischen die bisherigen Biographien namhafter Autoren ins Regal drängen. Da gehört es nämlich auch gar nicht hin. Eher in die Hand – als unterhaltsame und übrigens gänzlich unwissenschaftliche Lektüre.

Einige der hier beschriebenen Personen haben die Chronisten gleich dutzendweise zur Feder greifen lassen. Posthum hat man sich ihrer angenommen, ihr Leben aus den unterschiedlichsten Blickrichtungen betrachtet und vorgeführt, ihren Nachlaß analysiert. Und das ist gut so.

Aber hier geht es um etwas anderes. Nicht Chroniken, sondern Charaktere sollen im Vordergrund stehen, weniger Geschichte als Geschichten. Geschichten um und über Zeitgenossen von anno dazumal bis vorgestern, an die man sich im heutigen Düsseldorf und Deutschland aus gutem Grund noch erinnern mag.

Unbeachtet blieb keiner. Dennoch haben wir selbstverständlich eine Auswahl treffen müssen und häufig jenen den Vorzug gegeben, die nicht nur ihres Amtes oder Standes wegen als prominent zu gelten haben, sondern darüber hinaus weitere interessante Attribute aufweisen. Einen außergewöhnlichen Lebenslauf zum Beispiel. So ist es zu erklären, daß manch bis heute hochgeschätzter Ehrenbürger nicht, der stadtbekannte Penner Johann Muckel aber sehr wohl erwähnt ist.

Eines haben all diese Personen gemeinsam. Sie sind verstorben, vor langer Zeit schon oder erst kürzlich. Und während einige von ihnen im Düsseldorf von heute allgegenwärtig bleiben, gibt es andere, deren Bild vielleicht bereits ein wenig verblaßt ist. Daß sie nicht ganz in Vergessenheit geraten, ist ein weiteres Motiv für dieses Buch.

Heinrich Spoerl

Pfeiffer – mit drei eff!

Der Rechtsanwalt aus dem Rheinland tat gut daran, seine Kanzlei für immer zu schließen. An Justitia war im Dritten Reich ohnehin nicht mehr zu glauben. Hätte er weiterhin staubtrockene Schriftsätze statt plötzlich Romane verfaßt – wie schade um die »Feuerzangenbowle«, die als Buch ein unvergleichlicher Klassiker der Unterhaltung wurde und in der Verfilmung mit Heinz Rühmann heute noch begeistert gesehen wird. Kein Jurist hatte jemals soviel Publikum wie Heinrich Spoerl.

Sä heißen?« – »Pfeiffer, Johann.« – »Met einem oder met zwei äff?« – »Mit drei, Herr Professor. Eins vor dem ei und zwei hinter dem ei.« – Ein unvergeßlicher Dialog, und zwangsläufig fördert die Erinnerung dazu das verschmitzte Lächeln des jungen Heinz Rühmann zutage. »Die Feuerzangenbowle« ist einfach nicht kleinzukriegen, als Film, Bühnenstück und Hörspiel hat der Pennäler-Schwank die Zeit überdauert.

Wirklich eine irrwitzige Geschichte: Beim gemütlichen Genuß des alkoholreichen Heißgetränks redet man sich derart in Fahrt, daß ein promovierter und erfolgreicher Schriftsteller wieder den Teenager mimt, um unerkannt ein zweites Mal sein Abitur zu machen. Generationen haben herzhaft gelacht, wenn der Primaner von seinem kauzigen Pädagogen die wichtigste Lektion erhält: »Met der Schole est es wie met der Medizin – sä moß better schmecken, sonst nötzt sä nechts.«

Ohne Zweifel ist der Ursprung der zeitlosen Komödie in Düsseldorf zu suchen. Hier nämlich hat ihr Erfinder die Schulbank gedrückt und mit seinen Klassenkameraden – darunter der Schauspieler Paul Henckels und »Schneider Wibbel«-Autor Hans Müller-Schlösser – den Alltag eines höheren Bildungsinstituts erlebt, wie ihn die »Feuerzangenbowle« so trefflich schildert. Heinrich Spoerl wußte also, wovon er schrieb. Am 8. Februar 1887 geboren, wurde dem Düsseldorfer die schulische Erziehung zuteil, die großväterlichen Überlieferungen zufolge bei aller Zucht und Ordnung offenbar mehr Nährboden für komische Situationen bot als in allen nachfolgenden Schüler-Epochen.

Ähnlich wie seine Hauptfigur (der mit den drei eff) hatte es auch Heinrich Christian Johann Spoerl »zu etwas gebracht«. Da seine schlechten Augen den Berufswunsch Ingenieur in weite Ferne rücken ließen, studierte er Rechtswissenschaften, promovierte zum Dr. jur. und ließ sich in seiner Heimatstadt als Anwalt nieder. Aber entgegen dem naturgemäß gesunden Geschäftssinn der Branche schickte er Mandanten wieder nach Hause, wenn der Fall aussichtslos schien oder ihre Sache für ihn nicht zu vertreten war.

Pennäler-Streiche mit Heinz Rühmann – die »Feuerzangenbowle« nach dem Roman von Heinrich Spoerl wurde ein gewaltiger Filmerfolg

Daher hatte Spoerl zwar wenig beruflichen Erfolg, dafür aber viel Zeit für andere Dinge. Beispielsweise auf den Rat seiner Frau Gertrud zu hören, die überzeugt war, er könne sein Hobby durchaus zum Broterwerb machen und ein guter Schriftsteller werden. Zwischen Akten und Paragraphen begann ihr Mann also, vergnügliche Lausbübereien in lockerer Art zu Papier zu bringen. Sie übernahm es, seine Manuskripte säuberlich in die Maschine zu tippen und gab dafür sogar ihre Karriere als Konzertsängerin auf. Nach vielen Absagen fand sich auch ein Verlag bereit, eine erste kleine Geschichte von Heinrich Spoerl zu drucken.

In diese Zeit fiel die Verteidigung eines Gaswerk-Angestellten, der beschuldigt wurde, ein Mädchen aus der weiblichen Hitlerjugend – dem Bund Deutscher Mädel – geschwängert zu haben. Da weder die junge Dame noch die angeblich verursachten Zwillinge aufzufinden waren, schien der Fall recht einfach aus der Welt zu schaffen. Spoerl trat mit einem Sachverständigen-Gutachten an, in dem aufgrund der BDM-Zugehörigkeit eine solche Schwangerschaft als völlig ausgeschlossen gewertet wurde. Über diesen Witz allerdings vermochte das Gericht nicht zu lachen. Spoerl wurde zu einer Geldstrafe wegen Ungebührlichkeit verurteilt, sein Mandant notgedrungen freigesprochen.

Kaum aber hatte der Gaswerker freudig den Sitzungssaal verlassen, mußte Spoerl erkennen, daß es keinen Sinn mehr machte, an diese Justiz zu glauben: Vor der Tür wurde der Mann von SS-Hilfspolizisten wieder verhaftet und in ein Konzentrationslager gebracht. Alexander Spoerl erinnerte sich später an diesen Tag, an dem sein Vater aus dem Gericht nach Hause kam: »Erst weinte er. Dann schrie er so, daß es die Leute über uns hören mußten. Und dann meldete er sich als Anwalt ab.« In der folgenden Zeit reduzierte sich sein juristisches Engagement zusehends. Aber er schrieb viel.

Spoerl war 46 Jahre alt, als die Leser der Düsseldorfer Tageszeitung »Der Mittag« eine vielversprechende Ankündigung lasen: »In der morgigen Nummer beginnen wir mit dem Abdruck eines neuen Romans, der in allen, die mit Humor auf ihre Jugendzeit zurückzublicken vermögen, ein vergnügtes, sich vom leisen Lächeln bis zum homerischen Gelächter steigerndes Echo wecken wird.« Damit hatte die Redaktion des Blattes zwar vorab dick aufgetragen, aber in ihrer Einschätzung goldrichtig gelegen.

Die Düsseldorfer Leser sahen fortan jeder neuen Ausgabe ihrer Zeitung mit Spannung entgegen; eine Begeisterung, die sich täglich in Verkaufszahlen messen und die literarische Karriere des Anwalts stürmisch beginnen ließ. Auch die bald erscheinende Buchausgabe der »Feuerzangenbowle« erwies sich als voller Erfolg, was den Abschied von der Juristerei auch finanziell endgültig rechtfertigte.

Spoerl war nun Schriftsteller – eben das, was er seinem Hans Pfeiffer als eigentlichen Beruf angedichtet hatte. Während die Druckmaschinen noch liefen, stürzte er sich schon in neue Arbeiten, die ihn zu einem der bekanntesten humorvoll-satirischen Autoren machen sollten. »Wenn wir alle Engel wären« war sein nächster Roman, der die Kassen der Buchhandlungen erneut klingen ließ.

Zu ganz besonderem Ruhm aber gelangte sein Buch »Der Maulkorb«, das sogar die »FAZ« anläßlich des 100. Geburtstages des Autors neu entdeckte und zum »Hausbuch der Deutschen« erhob – als »eine literarische Lappalie, aber eine intelligente«. Möglicherweise ist damit gemeint, daß – obwohl die Handlung in dieser Form frei erfunden war – die Geschichte doch jederzeit vorstellbar ist, an einem anderen Ort, mit anderen Beteiligten. Spoerl hat sie so erzählt:

Eine rheinische Kleinstadt um die Jahrhundertwende. Staatsanwalt von Treskow hat bis zum Abwinken ins Glas geschaut, als in der Runde honoriger Herren die Rede auf den fürstlichen Landesherrn kommt. Der Gesetzes-

Familienleben bei Spoerls: Gertrud, Alexander und Heinrich Spoerl am Frühstückstisch

diener spricht laut und lallend, aber deutlich. Es bleibt nicht bei kritischen Äußerungen. Als die Kneipe schließt, torkelt von Treskow zum Standbild des Fürsten auf dem Marktplatz und macht sich daran zu schaffen. Während er am Morgen noch seinen Rausch ausschläft, begutachtet die Bevölkerung interessiert die künstlerische Neuerung an der Plastik – seit dieser Nacht trägt der Fürst einen Maulkorb. Man ahnt es: Eine fieberhafte Suche nach dem respektlosen Unhold beginnt, und selbstverständlich übernimmt Staatsanwalt von Treskow persönlich die Ermittlungen, die – und auch das ist abzusehen – in eine großanlegte Vertuschungsaktion münden, bei der sämtliche Behörden kräftig mitmischen.

Heinrich Spoerl wurde Auflagenmillionär. Sein Plaudereien-Band »Man kann ruhig darüber sprechen« amüsierte die deutschen Leser mit witzigen Anekdötchen, die in den folgenden Jahren fast 500 000 Mal über den Ladentisch gingen, der nächste Roman »Der Gasmann« stand dieser Bilanz in nichts nach. Fast sämtliche Spoerl-Bücher lieferten dankbaren Stoff für unterhaltsame Verfilmungen, die unverwüstliche »Feuerzangenbowle« verbreitete den Namen des Autors sogar als Bühnenfassung.

Bis zum Zweiten Weltkrieg blieb Heinrich Spoerl einer der eifrigsten deutschen Humor-Lieferanten, dann wurde es still um ihn. Der Umzug des Schreibers und seiner Familie an den Tegernsee soll unter anderem aus gesundheitlichen Gründen erfolgt sein, angeblich hat er später auch seine Anwaltstätigkeit wieder aufgenommen. Einige Male noch trat der heitere Erzähler in Erscheinung, so mit der Novelle »Die Hochzeitsreise« und der fürs Theater verfaßten Komödie »Die weiße Weste«. Elemente aus der Welt der Justiz tauchten – wen wundert's – bei Spoerl immer wieder auf. Auch in seinem letzten Roman, in Autorengemeinschaft mit Sohn Alexander geschrieben, geht es um Recht und Gesetz. »Der eiserne Besen« erzählt von einem modernen Don Quichote, einem Landpolizisten, der einsam und auf eigene Faust gegen Unkorrektheiten und Bestechung kämpft.

Der Verfasser indessen konnte bei allen seinen Arbeiten immer auf die Hilfe seiner Ehefrau und Assistentin vertrauen. Gertrud Spoerl hatte das Management des zuverlässigen Markenartikels Spoerl übernommen. Verhandlungen mit Verlagen und Filmgesellschaften waren ihr Ressort; er schrieb Manuskripte, sie Verträge. Als Gertrud 1947 starb, legte auch Heinrich Spoerl die Arbeit nieder und schrieb keine einzige Zeile mehr. Am 25. August 1955 starb er im Alter von 68 Jahren in seinem Haus in Rottach-Egern.

Auch Alexander Spoerl entwickelte sich zu einem vielgelesenen Autor, der seine Geschichten stets humorvoll zu erzählen verstand und mit Romanen wie den »Memoiren eines mittelmäßigen Schülers« oder der Fibel »Mit dem Auto auf Du« bekannt wurde. »Mein Vater wollte, daß ich Schriftsteller werde, aber ich wollte lieber etwas Ordentliches sein und wurde Ingenieur«, erklärte er nach den ersten Erfolgen. »Bei jedem Buch, das ich schreibe, nehme ich mir vor, nachher wieder Ingenieur zu werden.«

Kein Roman aus dem Hause Spoerl aber wurde zum Kult- und Kulturgut wie die »Feuerzangenbowle«, deren alte Schwarz-Weiß-Verfilmung heute selbst im Sortiment drittklassiger Videotheken nicht fehlen darf. Augenzwinkernd honoriert man den rheinischen Witz, wie er sich in den tausendfach zitierten Ausführungen des Physiklehrers Bommel zum Wesen der Dampfmaschine offenbart: »Da stelle mer uns janz dumm. Und da sage mer so: En Dampfmaschin, dat is ene jroße schwarze Raum, der hat hinten un vorne e Loch. Dat ene Loch, dat is de Feuerung. Und dat andere Loch, dat krieje mer später.«

Harry Piel

Düsseldorfs John Wayne machte den Bildern Beine

Ein Multi-Talent, wie es im (Dreh-)Buche steht: Harry, der Held, der Draufgänger, der Mann ohne Furcht. Harry aber auch, der Charmeur, Galan und Herzensbrecher. Gar keine Frage: Der Düsseldorfer Harry Piel war in den 20er und 30er Jahren einer der ganz großen Stars der damals noch etwas ungelenken Leinwand-Kunst. Als Regisseur, Schauspieler, Produzent und Stuntman schuf er der Vorkriegsgeneration eine sensationelle Welt der Illusion. Und kaum vorstellbar: Hollywoods Film-Bosse zitterten.

Der simple Reim will einfach nicht aus der Mode kommen. »Harry Piel sitzt am Nil und wäscht die Füße mit Persil«, sangen die Kinder früher auf der Straße. Manche tun es heute noch, aber sie dürften von der Herkunft des Zweizeilers kaum eine Ahnung haben. Sie wissen also nichts von jenem Herrn Piel, der sicher reichlich Schwung in das Leben ihrer Großeltern brachte. Wie eine frühe Mischung aus Jean Gabin und John Wayne wurde er ein Inbegriff des deutschen Kinos, als es sich gerade vom Stumm- zum Tonfilm mauserte. Das muß man sich einmal vorstellen: 40 Pfennig der Rasiersitz, 1,30 Mark auf dem komfortablen Logenplatz – für unvergeßliche Augenblicke mit einem tollkühnen Tausendsassa, der den Herren den Atem stocken und den Damen zusätzlich die Knie weich werden ließ.

Früh übt sich, was ein Selfmade-Star werden will. »Menschen, Tiere, Sensationen« waren freilich noch in weiter Ferne, als Harry – Taufname: Heinrich – Piel am 12. Juli 1892 in Düsseldorf-Benrath das Licht der Welt erblickte. Allerdings wartete er mit der ersten akrobatischen Vorführung nicht einmal bis zu seinem fünften Geburtstag. Zielsicher erklomm der Knirps das Dach des elterlichen Gasthauses, um vor den Augen Dutzender fassungsloser Passanten die Regenrinne auf und ab zu balancieren. Statt des erwarteten Beifalls gab's eine ordentliche Tracht Prügel, aber derlei Banausentum muß ein angehender Held wohl wegstecken können.

Ein illustres Publikum umrahmte die Jugend Harry Piels. Indem der Vater sich vom Kneipier zum Hotelier hochgearbeitet hatte, mag der Junge mit den unterschiedlichsten Gästen des »Vier Jahreszeiten« einen Geschmack von der Welt bekommen haben. Mit 16 wollte er sie endlich kennenlernen. Als ein Wanderzirkus nach absolviertem Gastspiel Abschied vom beschaulichen Benrath nahm, war auch Harry plötzlich verschwunden. Erst an der belgischen Grenze zerrten Polizeibeamte den Ausreißer von einem der Wagen und brachten ihn nach Hause. Der zweite Anlauf ins richtige Leben endete ähnlich tragisch. Kaum als Kadett der Kaiserlichen Handelsmarine angeheuert, mußte er dem Segelschulschiff »Großherzogin Elisabeth« dann doch vom Kai aus beim Ablegen zusehen: Wegen des Verdachts auf einen Herzfehler war der junge Mann prompt wieder ausgemustert worden.

Ein derber Rückschlag für all seine Pläne also. Harry fügte sich eine Weile in sein Schicksal und begann – ganz nach dem Willen des Vaters – eine kaufmännische Ausbildung, die ihm eines Tages die Übernahme des gastronomischen Betriebes ermöglichen sollte. Aber die Jugendträume kehrten wieder. Schon zwei Jahre später war ihm klar, daß er neben Sprachen wie Englisch, Französisch, Spanisch und Italienisch noch etwas viel Wichtigeres lernen wollte: Fliegen.

Vater Piel ist einige Monate zuvor nach einem schweren Reitunfall seinen Verletzungen erlegen, als der Junge sich erneut auf den Weg macht. Diesmal nach Paris, um bei dem Fluglehrer Morano Unterricht zu nehmen. Das Ersparte reicht kaum für das Honorar, das von der Mutter in Deutschland angeforderte Geld läßt auf sich warten. Der 19jährige nutzt diese Zeit, um Freundschaft mit seinem französischen Vermieter zu schließen. Leonce Perret weiß ein Mittel gegen Langeweile. Kurzerhand nimmt der Filmregisseur ihn täglich mit aufs Drehgelände – ohne zu wissen, daß hier alle Träume des jungen Gastes plötzlich auf wundersame Weise Gestalt annehmen.

Piel kehrt nach Düsseldorf zurück mit einem Drehbuch unterm Arm. Sein erstes eigenes Werk, in Rekordzeit zu Papier gebracht, hat an der Seine zwar niemand haben wollen, aber schließlich eilt die Realisierung nicht. Immerhin gilt es zunächst einmal, mit der alten Jugendliebe Hanny vor den Traualtar zu treten. Angeblich weil ein Kind unterwegs ist, genau aber weiß man's bis heute nicht.

Aber dann. Mit Hilfe einiger Freunde der Familie gründet Harry Piel in Düsseldorf die »Kunst-Film-Verlags GmbH« und steigt endgültig ins Geschäft ein. Die Ereignisse überschlagen sich. In Berlin findet der junge Unternehmer ein Film-Team, das sein erstes Projekt in die Tat umsetzt. Autor, Regisseur und Produzent Harry Piel muß sich zwar drastische Kürzungen gefallen lassen, kann aber am 18. Mai 1912 die Werbetrommel für sein Gesellenstück rühren: Film ab für »Schwarzes Blut« – eine für damalige Verhältnisse überaus aufregende Abenteuergeschichte mit Curt Goetz in der Haupt- und seiner Frau Erna Nitter in einer Nebenrolle. Obwohl gerade Vater geworden, arbeitet Piel Tag und Nacht. Die beiden nächsten Filme, »Dämonen der Tiefe« und »Der Börsenkönig«, entstehen in den zwei darauffolgenden Monaten mit jeweils sparsamsten Mitteln: Zehn Aufnahmetage, 600 Meter Material und 2000 Mark Produktionskosten. Dennoch geht die kleine Firma pleite.

Eines aber steht fest: Berlin ist fürs Filmemachen ein ideales Pflaster, und so zieht das junge Ehepaar mit Kind und Kamera um. Die drei Leinwand-Erstlinge haben gereicht, um den Namen Harry Piel bekannt zu machen. Verschiedene Gesellschaften nehmen das Talent aus dem Rheinland als Regisseur unter Vertrag, Streifen wie »Der Triumph des Todes«, »Das fliegende Auto« und »Der Reiter ohne Kopf« entstehen. Es ist nicht zu verhehlen – Piel liebt das Visionäre und faßt schließlich den Entschluß, nicht nur hinter, sondern auch vor der Kamera zu arbeiten.

Arbeiten – das bedeutet für den Düsseldorfer auch, etwas zu riskieren. Wie damals als Kind auf der Dachrinne, sucht Piel fieberhaft nach gefährlichen Situationen. Kein Trick, kaum ein Netz und selten ein doppelter Boden: Der Filmheld geht bei den Dreharbeiten aufs Ganze; er springt auf fahrende Züge, kämpft mit gefleckten Wildkatzen jeder Art und Größe, jagt mit dem Motorrad steilste Abhänge hinab. Das ist sensationell – und war vermutlich die Geburts-

Galan und Herzensbrecher: Harry Piel mit wechselnden Film-Partnerinnen in typischer Pose

stunde eines Berufsstandes, der heute zwischen Artist und Stuntman angesiedelt ist. Der Draufgänger wird über Nacht zum Star. Seine Drehbuch-Autoren weist er an: »Schreibt, was ihr für unmöglich haltet. Ich mach' das dann schon.« Und das Publikum bekundet 1922 einhellig in einer Umfrage: Harry Piel ist der beliebteste männliche Darsteller im deutschen Film.

Millionen Fans rasen, wenn ein neuer Piel-Film in die Kinos kommt. Der stahlharte Blick, das Ladykiller-Lächeln, die Zigarette lässig im Mundwinkel und allzeit bereit, sich dem Nervenkitzel zu stellen – so macht Harry Piel Kintopp-Geschichte. Ohne Rücksicht auf Narben und gebrochene Rippen dreht er Film um Film – insgesamt 110 Abenteuer, Schwerpunkt Action. Massen-Unterhaltung vom Band?

Vielleicht. Immerhin gerieten seine Filme mit der Zeit derart »amerikanisch«, daß Hollywoods Zelluloid-Fürsten sich gegen Piel'sche Ware aus Germany zur Wehr setzten und ein Einfuhrverbot erreichten. Das allerdings konnte Rummel und Ruhm nur anheizen, wobei der zweite Blick auf die Arbeit des Regisseurs Harry Piel eindeutig zu kurz ausfiel. Anhand vieler erhalten gebliebener und teils restaurierter Werke hat man es mittlerweile erkannt: Der Mann war zweifellos mehr als ein nimmermüder Sensationsdarsteller und Action-Fabrikant. Harry Piels kleine Revolution des Filmemachens vollzog sich ohne Ankündigung.

Als einer der ersten löste der Düsseldorfer beispielsweise die Kamera vom Stativ und bezog sie bewegt in die Handlung mit ein. Wie kaum jemand vor ihm arbeitete er zudem gezielt mit Kunstlicht – für Effekte, die damals ihre Wirkung nicht verfehlten, vom Kinositz aus aber kaum als dramaturgisches Novum erkannt wurden. Heute alltäglich: Rasante Sekundenschnitte, wie sie jedes Musik-Video der 90er Jahre zu einer visuellen Tortur werden lassen – Piel bediente sich schon 1925 dieses Mittels. Ein wildes Bilder-Staccato aus bösartigen Fratzen, flüchtenden Füßen und schreienden Mündern machte seinen Film »Schneller als der Tod« zu einem Psycho-Thriller, bei dem der empfindsame Kinogänger gut daran tat, sich blinzelnd an die Nachbarin zu klammern.

Daß nach und nach auch die Inhalte ihren offensichtlich fiktiven Charakter verloren, zeigen Werke wie der Klassiker »Geheimagent«. 1932, also ein Jahrzehnt bevor der Alptraum wahr werden sollte, führte Harry Piel seinem Publikum vor, wie Luftangriffe auf Deutschland aussehen müßten. Kein Wunder, daß die Nationalsozialisten den Film im Keller verschwinden ließen, um ihn sicherheitshalber wenig später gleich ganz einzustampfen. Auch auf die Konzentrationslager wußte der Regisseur eine hintersinnige Antwort. Zu einer Zeit, da Menschen von heute auf morgen spurlos verschwanden, brachte er Filme wie »Ein Unsichtbarer geht durch die Stadt« und »Herr der Welt« in die Kinos: düstere und dabei täglich realer werdende Visionen des totalen Überwachungsstaates. Die Herren Goebbels und Co. blieben nicht untätig. Die meisten Piel-Filme dieser Zeit verschwanden schon in der braunen Kiste, noch bevor die letzte Klappe gefallen war.

Nach dem Krieg wurde es allmählich still um den großen deutschen Darsteller und Filmemacher. »Harry Piel hat den Anschluß verpaßt«, lautete Jahrzehnte später die Diagnose hauptberuflicher Kino-Kenner. Tatsächlich verschwand der einst umjubelte Star mit vergleichsweise zahmen Produktionen wie »Der Tiger Akbar« von Bildfläche und Leinwand. Der »Poet des Trivialen« – so ein Fachkritiker der heutigen Zeit – zog sich aufs Altenteil zurück, nicht zuletzt vom Fernsehen verjagt. Fast vergessen, starb ein Altmeister des deutschen Kinos am 27. März 1963 in München. 20 Jahre später erinnerte man in Düsseldorf in einer Retrospektive an den prominenten Sohn der Stadt. Als einige der alten Filme wieder gezeigt wurden, saß auch ein Harry Piel im Publikum – ein Neffe des berühmten Helden. Der, selbst schon ergraut, war begeistert wie einst und schmunzelte: »War schon ein toller Bursche, dieser Harry Piel.«

Theodor Fliedner

Eine Klingelbeutel-Tour mit Folgen

Die berühmteste Krankenschwester der Welt drückte bei ihm die Schulbank: Erst durch den Theologen Theodor Fliedner fand Florence Nightingale ihre eigentliche Bestimmung. Der junge evangelische Geistliche, aus Hessen-Nassau ins Rheinland gekommen, schuf hier mit seiner Diakonissenanstalt eine Organisation, die heute noch weltweit in seinem Sinne den Dienst am Nächsten versieht. Sein erstes Asyl für aus dem Gefängnis entlassene Frauen war eine Sensation – aber niemand konnte ahnen, daß dieser Mann die kirchliche Krankenpflege revolutionieren würde.

Der Tag, an dem die Samtfabrik ihre Tore schloß, war ein rabenschwarzer Tag für Kaiserswerth. Die meisten der 1400 Einwohner standen plötzlich vor dem Nichts, der Verlust des Hauptarbeitgebers ließ die Zukunft düster aussehen. Theodor Fliedner – als drittes von insgesamt elf Kindern am 21. Januar 1800 geboren – fand ein total verarmtes und nebenbei durch und durch katholisches Städtchen vor, als er im Alter von 22 Jahren sein Amt als neuer Pfarrer der winzigen evangelischen Gemeinde in Kaiserswerth antrat. Der Einstand wurde für den jungen Seelsorger zur ersten großen Feuertaufe. Wie konnte ein Geistlicher diesen Menschen helfen, deren Elend sich von Tag zu Tag vergrößerte?

Fliedner appellierte an das Mitgefühl derer, denen es wirtschaftlich besser ging. Mit einer insgesamt 14monatigen Kollektenreise durch Deutschland und später auch in einige Nachbarländer gelang es dem entschlossenen Pfarrer, das Überleben der notleidenden Kaiserswerther auf Dauer zu sichern. Viel wichtiger noch: Fliedner lernte unterwegs Dinge kennen, die sein weiteres Leben lenken sollten.

In vielen Städten Deutschlands hatte er sich beispielsweise Krankenhäuser ansehen können. Fliedner war entsetzt: Prunkbauten, mitunter mit Marmor-Portalen, aber von sachgerechter Krankenpflege keine Spur, von geistlicher Betreuung ganz zu schweigen. Armes Deutschland. Das letzte Ziel auf seiner Sammel-Route öffnete ihm die Augen. Begierig, alles zu erforschen, was ihm bei seinen sozialen Aufgaben weiterhelfen könnte, studierte er in England das dortige Erziehungs- und Schulwesen, fand Gelegenheit, sich mit dem Alltag der Kranken-, Armen- und Waisenhäuser vertraut zu machen. Die Unterschiede zur Heimat waren gravierend. Auf der Insel, so stellte er fest, kümmerten sich tätige Christen auf wesentlich effektivere Weise um ihre bedürftigen Mitmen-

Mitte des 19. Jahrhunderts – Szene aus Fliedners Diakonissen-Anstalt in Düsseldorf-Kaiserswerth

schen, wobei vor allem das Engagement religiöser Frauen eine Rolle spielte. Ganz besonders angetan aber hatte es ihm die englische »Gesellschaft zur Besserung der Gefangenen«. Fliedner war beeindruckt. An eine derartige Einrichtung hatte man bis dato in Deutschland nicht einmal gedacht.

Der Seelsorger hatte den Kopf voller Pläne – und handelte: Kaum zurück, gründete er in Kaiserswerth die »Rheinisch-Westfälische Gefängnisgesellschaft«. Es wurde eng im Pfarrhaus, das wenige Jahre später bereits als feste Adresse für aus dem Gefängnis entlassene Frauen bekannt war. Ein Asyl quasi, in dem sich nicht nur Unterkunft, sondern auch eine Beschäftigung finden ließ und dessen Gartenhaus kurzerhand zu einer sinnvoll nutzbaren Arbeitsstube umgerüstet wurde.

Doch Theodor Fliedner dachte weiter – und beobachtete dabei mit Besorgnis die Folgen der wachsenden Industrialisierung in den 30er Jahren. Alte, Kranke und Kinder blieben häufig sich selbst überlassen, nachdem nun in den meisten Familien auch die Frauen in den Fabriken arbeiteten. Die Betätigungen, mit denen zuvor vorwiegend Frauen – meist zuhause – ihr Geld verdient hatten, wurden nach und nach von maschineller Produktion abgelöst. Was für eine Welt: Die einen zur Untätigkeit verdammt, andere für den Erhalt ihrer Existenz zur Arbeit gezwungen. Wieder andere, nur zur Ehe erzogen, blieben schließlich doch unverheiratet und fügten sich in ihr Schicksal, als verschrobene alte Damen zu enden.

Fliedner entsann sich seiner wertvollen Beobachtungen jenseits des Kanals und ging die Lösung der Probleme auf bis dahin völlig unkonventionelle Art an. Indem er junge Mädchen zu Lehrerinnen, Kindergärtnerinnen, in der Krankenpflege und als Gemeindeschwestern ausbildete, geriet in dem kleinen Ort am Rhein der Stein für eine zunächst zaghafte Revolution des Sozialwesens ins Rollen; Fliedners Arbeit wurde unmerklich zum Fundament der neuzeitlichen Krankenpflege. Auch wenn die Aktivitäten des Geistlichen vielfach noch auf

Friederike Fliedner, die erste Frau des Geistlichen

Skepsis stießen: Mehr und mehr erkannte man den Weitblick des Gottesmannes, und schließlich erhielt er für seine Unternehmungen auch finanzielle Unterstützung.

1836 entstand die erste Diakonissenanstalt. Das Haus gewährte jungen Mädchen Umgebung und Schutz ähnlich dem Elternhaus, stattete sie gleichzeitig aber mit dem Wissen für eine Betätigung aus, die in aller Welt immer notwendiger wurde. Fliedner damals über seine Motive: »Unsere Liebe darf nicht aus leeren Worten bestehen. Es muß wirkliche Liebe sein, die sich in Taten zeigt.« Dem Hausherrn kamen die Erfahrungen der vorangegangenen Jahre im In- und Ausland jetzt zugute. Die Summe seiner positiven Beobachtungen in Deutschland und anderswo ließen sein Modell der Krankenpflege eine Struktur annehmen, die den Pflegeberuf zu einer der größten Aufgaben kirchlicher Arbeit machte. Manches Gesehene wurde übernommen, vieles verbessert und verfeinert.

Die bahnbrechende Idee Fliedners hatte sich herumgesprochen. Das erste Diakonissenkrankenhaus in den großzügigen Räumen des ehemaligen Bürgermeisteramtes war bereits mit mehr als 30 Kranken unterschiedlicher Konfession belegt, bevor es überhaupt offiziell eröffnet wurde. Schon fünf Jahre später waren Fliedner und sein Werk zu einer Institution geworden – nur durch einen Neubau konnte die Bettenzahl den steigenden Anforderungen angepaßt werden. Und noch bevor sich dem Kaiserswerther Gebäudekomplex auch eine Heilanstalt für Geisteskranke angliederte, waren Fliedners Diakonissen bereits außerhalb des Rheinlands im Einsatz. Stolz zog der Pfarrer zum zehnjährigen Bestehen seiner Einrichtung eine Bilanz: Neben den vielen Hilfsangeboten vor Ort versahen seine Schwestern in weiteren 15 Krankenhäusern des Landes ihren Dienst. Der Applaus der Festgäste galt nicht nur dem Gründer, sondern auch der Frau, die eigentlich an seiner Seite hätte stehen müssen: Friederike Fliedner hatte die Pläne ihres Mannes von Anfang an mit ganzer Kraft unterstützt, ihn beraten und ihm bei der Leitung des Hauses assistiert. Den großen Erfolg ihrer gemeinsamen Arbeit durfte sie nicht mehr erleben – 1842 war sie an den Folgen einer komplizierten Entbindung gestorben. Jahre später heiratete der Kaiserswerther Pfarrer ein zweites Mal – und auch Karoline Fliedner stellte ihr Leben ganz in den Dienst der Hilfe.

Das Fliedner'sche Werk dehnte sich weiter aus. Bis in die USA und den Orient waren seine Diakonissen bereits gereist, als sich eines Tages Besuch aus England ansagte: Florence Nightingale, Tochter einer wohlhabenden Gutsbesitzerfamilie, fühlte sich vom gesellschaftlichen Leben daheim ebenso gelangweilt wie abgeschreckt. Ihr wirkliches, großes Interesse gehörte dem Gesundheitswesen und der Krankenpflege. Nachdem sie von Fliedners Arbeit gelesen hatte, machte sie sich auf den Weg – und fand in Kaiserswerth einen Lehrer, dessen Wissen ihrem Leben endlich einen Sinn gab.

Ohne Zweifel ist es Fliedner zu verdanken, daß die junge Dame sich nun für den Dienst am Nächsten entschied. Als Leiterin einer kleinen Londoner Krankenstation fand sie wenig später ihre Erfüllung – und niemand ahnte, daß diese Frau für ihre aufopfernde Arbeit eines Tages als Neugestalterin des englischen Militärkrankenwesens oder gar als »Heldin des Krimkrieges« in die Geschichte eingehen würde. Indem die englische Regierung später beschloß, ihre weltberühmte Krankenschwester auf Zehn-Pfund-Noten zu verewigen, setzte sie auch Theodor Fliedner ein kleines Denkmal.

Der wird der Nachwelt auch ohne eine derartige Würdigung in Erinnerung bleiben. Als Fliedner nach langer Leidenszeit am 4. Oktober 1864 an einer Lungenschwindsucht starb, gehörten dem Kaiserswerther Mutterhaus mehr als 400 Diakonissen an. Weitere 300 seiner Schwestern waren im gesamten Land tätig, teilweise sogar mit Missionsauftrag in anderen Kontinenten unterwegs. Das Vermächtnis des Seelsorgers ist immens: Überall in der Welt wirken die selbständigen Diakonieanstalten nach seinem Vorbild, die heutige evangelische Fachhochschule Düsseldorf-Kaiserswerth gibt ihr Wissen in seinem Sinne an junge Menschen weiter.

Florence Nightingale hat den Mann hoch verehrt, der ihr den Anstoß zu einem neuen und endlich sinnvollen Leben gab. In einem ihrer zahlreichen Zeitungsartikel und Aufsätze hat sie versucht, eines der Lebensgeheimnisse dieses Menschen zu lüften: »Er kann es nicht leiden, wenn jemand etwas schlecht macht, was er auch gut machen könnte.«

Johanna Ey

Köchin, Komplizin – und hundertfach im Bild

Was für eine Karriere! Ein einfaches Mädchen vom Land wird in Düsseldorf beliebte Kaffeeköchin, dann ganz nebenbei zur angesehenen Galeristin – und ihre gute Stube entwickelt sich zusehends zum Hauptquartier einer Rebellion. Für Johanna Ey war Kunst immer unweigerlich mit Menschen verbunden. Denen, die ihr da anfänglich Skizzen und Bilder zeigten, wurde sie Vertraute, Freundin und Komplizin. Die stattliche Frau mit der runden Brille ist von ihren Schützlingen – darunter Max Ernst und Otto Pankok – hundertfach im Porträt festgehalten worden. Und sie ging in die Geschichte ein – als »Mutter Ey«.

Nicht ihre mollige Erscheinung, sondern vor allem ihre Augen müssen es gewesen sein, die jeden neuen Besucher der kleinen Kaffeestube sofort stutzen ließen. Hinter den runden Brillengläsern konnten sie freudig funkeln, aber auch zornig blitzen – in jedem Fall signalisierte dieses Gesicht jedoch, daß Aufmerksamkeit geboten war: Respekt vor einer Frau, die schon zu Lebzeiten zur Legende werden sollte.

Johanna Ey war knapp 50, als sie sich zu einem zweiten Leben entschloß. Am 4. März 1864 in einem Dörfchen am Niederrhein geboren, hatte sie später den Braumeister Robert Ey geheiratet. Zwölf Geburten bescherte ihr die 20jährige Ehe, aber nur vier der Kinder blieben am Leben. Unglücklich mit ihrem Dasein, ließ sie sich scheiden und mietete in Düsseldorf ein Ladenlokal, nicht weit entfernt von der Kunstakademie.

Das Geschäft lief prima. Vorwiegend die Studenten wußten den regelmäßigen Treffpunkt zu schätzen. Bei »Mutter Ey« fanden sie nicht nur Gelegenheit zu einer Schaffenspause. Kaffee und Konversation, Brötchen und Beistand – »das Ey« war mehr als eine resolute Unternehmerin. Das sollte jedem schnell klar werden, der durch die kleine Holztür eingetreten und beim ersten Gespräch am Tresen akzeptiert worden war. Johanna Ey mochte die jungen Menschen. Und sie zeigte großes Verständnis für ihre Bilder. Mit dem Herz einer durch und durch einfachen Frau betrachtete sie die gelegentlich aufrührerischen Werke, die die angehenden Maler ihr zeigten – und häufig als Zahlungsmittel zurückließen.

Bei Ausbruch des Ersten Weltkriegs glich das Ey'sche Hinterzimmer bereits einem kleinen Museum, und bald begann Mutter Ey, mit den Bildern zu handeln. Noch während des Krieges fand sie ihren Instinkt für die Arbeiten der jungen Talente bestätigt. Kunststudenten und -professoren bedienten sich der Vermittlung dieser überaus geschäftstüchtigen Frau. Die Entwicklung sprach für sich: Als die Kaffeestube und ein eigens angemieteter Eckladen für den Handel zu eng wurden, bezog sie neue, große Geschäftsräume, die ihr schließlich auch Wohn- und Schlafzimmer wurden. Längst hatte eine Karriere begonnen, die ihresgleichen sucht. Und: Vielen ihrer Schützlinge hatte die Düsseldorferin damals schon Modell für ein Porträt gesessen. Eine Zeitung widmete diesem Umstand später eine reich bebilderte Sonderseite. Überschrift: »Mutter Ey – die meistgemalte Frau Deutschlands«.

Die »meistgemalte Frau Deutschlands« im Kreis »ihrer« Künstler

Der Krieg hatte die Menschen nachdenklicher gemacht. Viele heimkehrende Maler fanden sich nun zu mehr oder weniger organisierten Zirkeln zusammen, um gemeinsam Veränderungen zu diskutieren. Johanna Ey, mittlerweile eine recht arrivierte und geschätzte Kunsthändlerin, war über die Dinge informiert, als ein bekanntes Gesicht auftauchte: Otto Pankok hatte schon als Student häufig den Kaffee und die Fürsorge der alten Frau Ey genossen. Seine und die Bilder seines Freundes Gert Wollheim waren auf den ersten Blick ungewöhnlich, fast unheimlich und vielfach schockierend. Zunächst aber waren sie interessant, und das genügte für Mutter Ey, den beiden Ausstellungsgelegenheit in ihrem Laden zu geben: Das linke Schaufenster wurde für die neue

Kunst eingerichtet, das rechte blieb den bisherigen Richtungen vorbehalten.

Dick von Tabakdunst war die Luft im Hinterzimmer der Ey-Galerie, als man dort fortan häufig bis tief in die Nacht diskutierte. Mit Pankok und Wollheim waren alte und neue Bewunderer der einstigen Kaffeeköchin gekommen. Mit dabei: Otto Dix, Max Ernst, Adalbert Trillhaase und viele andere Mitstreiter der Künstlergruppe »Neues Rheinland«. Der geräumige Laden am Hindenburgwall, mittlerweile versehen mit dem großen Schild »Neue Kunst. Frau Ey«, wurde zwangsläufig *die* Düsseldorfer Zentrale einer stürmischen Bewegung, deren Organ die dort produzierte Zeitschrift »Das neue Rheinland« war. Ein weiteres Blatt wurde schlicht »Das Ey« getauft.

Der Kampf um die Kunst entwickelte sich turbulent – und er sorgte in ganz Deutschland für großes Aufsehen. Die Maler und Denker um Mutter Ey wollten aufräumen. Die Abschaffung der Akademien war eine der lautesten Forderungen, der Muff des etablierten Kunstbetriebes mit all seiner Routine sollte der Erneuerung Platz machen. Hitzig stritt man gegen spießige Vorstellungen und für ein freieres Denken, und mehr als einmal kam es zu harten, auch handgreiflichen Auseinandersetzungen.

Was immer auch rund um die revolutionäre Galerie erörtert und ausgeheckt wurde – Johanna Ey war dabei, meist mittendrin. Tausende verfolgten gebannt den Gerichtsprozeß um ein im ·Ey-Schaufenster ausgestelltes Wollheim-Bild, das als »unsittlich« gebrandmarkt werden sollte.

Nach und nach wird es ruhiger um die »Rheinland«-Aktiven und ihre Splittergruppen. Einiges ist erreicht, vieles liegt noch im argen, aber die so engagierten Streiter beginnen sich Mitte der 20er Jahre mit ihrer Situation zu arrangieren. Für eine Reihe der Aufsässigen werden die Akademien plötzlich willkommener Brötchengeber, andere verlassen Düsseldorf, gehen gar ins Ausland. Die thesen- und ideologienreiche Luft im »Ey« wird bald von anderen geatmet: Eine eher auf Vergnügen denn auf Veränderung bedachte Szene drängt an die Seite der prominenten und ach so originellen Kaffeeköchin/Kunsthändlerin. Noch zu Beginn der Wirtschaftskrise will man sich dort das Feiern nicht nehmen lassen. Mutter Eys 65. Geburtstag wird eine große Party, aber die Gastgeberin hat Sorgen: Licht und Gas können jeden Augenblick gesperrt werden.

Resolut und herzensgut: In »Mutter Ey« fanden viele junge Künstler eine Vertraute und Freundin

So kennt die Welt die berühmte Düsseldorfer Künstlermutter: Johanna Ey, porträtiert von Otto Dix

Inzwischen auch von Düsseldorfs Offiziellen hofiert, findet die rüstige Dame vielerorts Hilfe. Johanna Ey geht auf Reisen. Mit Freunden, zu Freunden, ist sie unterwegs in Sachen Kunst. Der Traum von weiteren Ausstellungen aber platzt wie eine Seifenblase, als die Nazis Düsseldorf »säubern«. Beleidigungen, Boykott-Aufrufe und sogar Drohungen häufen sich. Die meisten Künstler aus dem Kreis um Mutter Ey können sich in Sicherheit bringen, die vielen Bilder aber, die nicht mehr zu verstecken waren, werden beschlagnahmt – oder vernichtet. Später wird man sie dem Volk als »Entartete Kunst« vorführen.

Bei einer ihrer Töchter in Norddeutschland findet Mutter Ey Zuflucht während des Krieges, aber als sie 1945 in ihren Laden zurückkehrt, ist sie eine gebrochene Frau. Am 27. August 1947 kommen alle ihre alten Freunde und Anhänger noch einmal aus aller Welt in Düsseldorf zusammen – um Johanna Ey ein letztes Geleit zu geben.

Peter Kürten

Der Vampir von Düsseldorf

Seine Frau befürchtete Seitensprünge, wenn Peter Kürten abends auf Tour ging. Sie ahnte nicht, daß sie mit dem meistgesuchten Mann Deutschlands unter einem Dach lebte. Der Düsseldorfer Massenmörder hielt über ein Jahr lang unerkannt die Fahnder zum Narren – und eine ganze Stadt psychisch in Schach. Der Terror war perfekt: Bei Einbruch der Dunkelheit lauerte Kürten seinen Opfern auf, tagsüber wies er der Polizei in anonymen Briefen den Weg zu den versteckten Leichen. Motiv für den Blutrausch: Rache an der Welt. Tatsächlich veränderte das grausame Spiel den Alltag der Menschen.

Düsseldorf – eine Stadt sucht einen Mörder. Die Angst geht um. Da es kaum Hinweise auf den mysteriösen Killer gibt, ist nahezu jeder verdächtig. Mehr noch: Nachdem die Serie grauenhafter Morde nicht abreißt, fürchtet man an jeder Ecke den Tod. Fritz Langs heutiger Leinwand-Klassiker »M«: die Düsseldorfer hatten dieses Entsetzen nur ein Jahr zuvor erlebt – in der Person des Massenmörders Peter Kürten. 1931, im selben Jahr, als der Film in den deutschen Kinos Premiere hatte, senkte sich über Kürten das Fallbeil. Der »Vampir von Düsseldorf« wurde hingerichtet.

Abscheu und Faszination: Kaum ein Verbrechen beschäftigte Polizei und Justiz so wie die Taten des Peter K. Neun Morde, insgesamt 32 Mordversuche, drei Überfälle, eine Vergewaltigung und 27 Brandstiftungen – das ganze Land fieberte bei der Jagd nach dem Monster mit. Von überall her reisten die besten Kriminalisten an, um die Fahndung zu unterstützen. 2000 Zeugen wurde vernommen und sogar einige hundert Hellseher boten ihre Hilfe an. Über ein Jahr dauerte es, bis Peter Kürten endlich aufgespürt wurde. Aber wer war dieser Mann, dessen Blutspur sich durch die ganze Stadt zog?

Mit acht Jahren läuft Kürten erstmals den Ordnungshütern in die Arme. Am 26. Mai 1883 als Sohn eines Sandformers in Mülheim geboren, gestaltet sich sein Leben von Anfang an turbulent: Der Junge pfeift auf die Schule, reißt von Zuhause aus, wird von der Polizei aufgegriffen. Die Familie zieht nach Düsseldorf-Grafenberg. Hier beendet Peter Kürten seine Schulzeit und wird Lehrling in der Fabrik, in der auch sein Vater arbeitet. Die Lebensumstände sind bedrückend. Nach einer versuchten Vergewaltigung an Peters Schwester wandert das Familienoberhaupt hinter Gitter, und auch der Sohn wird zusehends Stammkunde in den Arrestzellen und Gefängnissen der Stadt. Unterschlagung, Hausfriedensbruch und immer neue Gewalttätigkeiten – Peter Kürten verbringt beinahe mehr Zeit eingesperrt als in Freiheit. Knapp 18 und ein stadtbekannter Krimineller, denkt er im Gefängnis erstmals laut vor einigen Mithäftlingen über eine mögliche Rache an den Behörden nach.

Und die kriminelle Karriere geht weiter. Haft und Entlassung wechseln sich ab wie Tag und Nacht. Gewalttaten, Überfälle und schließlich die Flucht vor dem Militärdienst halten den absonderlichen Kreislauf in Schwung. Gerade nach einer Strafe wegen einer Schießerei aus dem Knast entlassen, greift er im Park mit einem Beil einen Mann an und kann unerkannt entkommen. Ungeklärt bleibt zunächst auch sein Mord an einer Frau, verhaftet wird er Monate später wegen fortgesetzten Diebstahls. Das Urteil von sechs Jahren erhöht sich angesichts seiner Teilnahme an einer Gefängnismeuterei um weitere zwei Jahre.

Peter Kürten ist 40, als er sich auf ein bürgerliches Leben zu besinnen scheint. Er heiratet seine Freundin Auguste. Trotz seines enormen Vorstrafenregisters tritt sie mit ihm sogar vor den Traualtar. Aber das Eheglück ist nicht von Dauer. Wieder klicken die Handschellen. Nach diversen Strafen – diesmal wegen Notzuchtsverdacht, Überfällen, einem Fall von Heiratsschwindel und einer Reihe Brandstiftungen – verfällt Kürten auf einen teuflischen Gedanken: Die Welt hat ihm Unrecht getan, jahrelang und immer wieder, dafür soll sie nun büßen.

An einem Februarabend des Jahres 1929 befindet sich Apollonia Kühn, 55, auf dem Nachhauseweg. In der schlecht beleuchteten Straße steht plötzlich ein Mann vor ihr. »Keinen Laut!« schreit er und versetzt ihr auch schon einen Schlag ins Gesicht. Mit einem langen Messer sticht der Unbekannte auf die Frau ein, trifft Hinterkopf, Arme und Hände, bis das Opfer blutend zu Boden sinkt. Apollonia Kühn

Über ein Jahr lang narrte Peter Kürten die Polizei und versetzte die Düsseldorfer mit seinen Morden in Angst und Schrecken

Das grausame Morden hat ein Ende: Nach Kürtens Verhaftung fordert die Hamburger Illustrierte: »Sühne!«

überlebt, kann den Täter aber nur schlecht beschreiben. Genau erinnert sie sich jedoch an eines: Bevor der Mann verschwand, hat er noch eine Weile interessiert auf sie herabgestarrt.

In den folgenden Tagen schockieren zwei weitere Taten die Bürger Düsseldorfs. Die Morde an der achtjährigen Schülerin Rosa Ohliger und dem Invaliden Rudolf Scheer lassen keinen Zweifel daran: Es muß sich um denselben Täter handeln. Nur zu ähnlich sind Tatumstände und -ausführung, die Peter Kürten auch für die nächsten Angriffe beibehalten wird. »Kopfjäger« nennen sie ihn im Volksmund, weil er zuerst auf Stirn und Hinterkopf seiner Opfer einschlägt. Hiebe, Messerstiche und sogar Bisse sind seine brutale Handschrift. Ausschließlich in den Abendstunden tritt er in Erscheinung, vorzugsweise Frauen und Kinder sucht er sich aus.

Lähmende Panik ergreift Besitz vom Düsseldorfer Alltag. Spielende Kinder sieht man kaum noch ohne Aufsicht, Lehrer erteilen Verhaltensmaßregeln statt Mathematik. Sogar die ausländische Presse schickt Reporter an den Rhein, die monatelang über den psychischen Druck auf eine ganze Stadt berichten. Und nicht einmal dem berühmten Meisterclown Grock gelingt es bei einem Auftritt in Düsseldorf, die sonst hier gewohnte Stimmung aufleben zu lassen. Die Menschen wissen: »Er ist mitten unter uns.« Überall hängen Fahndungsplakate. Ohne Erfolg.

Der »Vampir von Düsseldorf« läßt grüßen: Nach sechs Morden und vier Mordversuchen beginnt Peter Kürten mit dem Schreiben anonymer Briefe – für Psychologen und Kriminologen noch Jahrzehnte später das größte Phänomen. Auf Postkarten und Zetteln, überwiegend an die Lokalredaktionen der Zeitungen geschickt, schildert er seine jüngsten Taten, gibt mit krakeligen Zeichnungen sogar jeweils Hinweise, wie die Polizei Tatort und Leiche am einfachsten finden kann. Und er kündigt neue Morde an. Das Phantom treibt sein bestialisches Spiel mit der Angst der Menschen.

Papier, Schrift und der benutzte Stift hätten für die Fahnder vielleicht zu wertvollen Anhaltspunkten werden können – wenn nicht die ungezählten Trittbrettfahrer gewesen wären. Nach den ersten Veröffentlichungen in der Presse sahen sich die Ermittler plötzlich in einer Flut vermeintlicher Bekennerschreiben. Komplette Stammtische sollen zwischen Kneipe und Briefkasten hin und her gependelt sein.

Mai 1930. Sieben Menschen sind getötet, neun weitere Opfer zum Teil lebensgefährlich verletzt worden, als Peter Kürten seiner Frau die Taten gesteht. Auguste hat von nichts gewußt, wohl aber Unheilvolles geahnt und sich vor allem mit regelmäßigen Seitensprüngen abgefunden, wenn der Ehemann abends das Haus verließ. Noch am gleichen Tag verrät sie ihn der Polizei, Peter Kürten wird festgenommen.

Der Prozeß gerät zum spektakulären Großereignis, wenngleich das Volk den Massenmörder lieber sofort sterben sehen will. Am 2. Juli 1931 wird Kürten hingerichtet, doch geistert sein Name weiter durch die Stadt. Geisteskrank oder eiskalter Killer – auch nach dem richterlichen Urteil sind die Meinungen geteilt. In einer Vernehmung hat der Angeklagte den Grund für die Morde genannt. Er habe der ganzen Welt zeigen wollen, daß lange und schwere Strafen einen Verbrecher nicht bessern können. Kürten wörtlich: »Ich habe aus Idealismus gehandelt. Ich bin ein Märtyrer.«

Johann Friedrich Benzenberg

Ein Pfarrerssohn greift nach den Sternen

Kugeln und Kreide: In einem stillgelegten Kohlenschacht lieferte Johann Friedrich Benzenberg der Welt den Beweis für Newtons Theorie – die Erde dreht sich um ihre eigene Achse. Damit nicht genug. Der Physiker und Astronom ebnete im Rheinland den Weg für eine funktionierende Erforschung des Himmels. Insider wissen: Düsseldorf hat im Universum heute seinen festen Platz – gleich siebenmal.

Nein, zum Geistlichen fühlte Johann Friedrich Benzenberg sich einfach nicht berufen, sein Interesse galt eher wissenschaftlichen Zusammenhängen. Nicht unbedingt zur Freude des Vaters, der als evangelischer Pfarrer im Bergischen Land tätig war. Seine Gemeinde befand sich nahe der Düsselquelle in dem kleinen Dorf Schöller, wo am 5. Mai 1777 auch der Sohn das Licht der Welt erblickt hatte. Wohl mehr zum Gefallen der Eltern studierte Johann Friedrich zwar kurze Zeit Theologie, wechselte dann aber zu seinen wirklichen Wunschfächern Physik, Mathematik und Astronomie. Eine richtige Entscheidung, wie sich schon bald zeigen sollte: Zur Erkundung des Himmels schlug er sich gemeinsam mit einem Freund unzählige Nächte um die Ohren und veröffentlichte bereits als 23jähriger in einem Buch das Fazit der Beobachtungen. Titel: »Versuche, die Entfernungen, die Geschwindigkeit und die Bahnen der Sternschnuppen zu bestimmen«.

Die Meteore und ihr Treiben am Firmament wurden ein Spezialgebiet, das Benzenberg auch zum Inhalt seiner Doktorarbeit machte. Noch mehr als das zunächst verwirrende Spiel der Feuerkugeln faszinierte ihn die Theorie, daß die Sonne Mittelpunkt des gesamten Planetensystems sei und die Erde sich alle 24 Stunden einmal um die eigene Achse drehe. Das ließ sich berechnen, sicher, aber vollends bewiesen war es bis dahin noch nicht. Tatsächlich gelang es dem Düsseldorfer einige Jahre später, die These des englischen Kollegen Sir Isaak Newton aller noch bestehender Zweifel zu entheben. Nach ausgiebigen Studien der Fallgesetze und einer Reihe vergeblicher Experimente schritt Benzenberg zum entscheidenden, aus heutiger Sicht vielleicht simplen Versuch: In einen Kohlenschacht ließ er drei blankpolierte Kugeln 80 Meter in die Tiefe fallen – auf eine mit Kreide beschichtete Holzplatte. Eine Sensation: Jede Aufprallmulde lag um jeweils die gleiche kleine Distanz weiter östlich als die Stelle, von der die Kugeln ihre Reise angetreten hatten. Logisch, die Erde mußte sich bewegen! Daß man dem Forscher daraufhin am Düsseldorfer Lyzeum freudig eine Professur für Astronomie und Naturkunde anbot, ist nicht weiter überraschend.

Schon bald räumte Benzenberg den Lehrstuhl wieder. Knapp ein Jahr nach Dienstantritt hatten sich mit Napoleons Übernahme des Herzogtums Berg die Besitzverhältnisse des Landes und damit auch die politische Stimmung verändert, so daß eine weitere Lehrtätigkeit nach seinen Vorstellungen kaum mehr gewährleistet schien. Der Wissenschaftler hatte auch ohne dies wenig Mühe, die Zeit auszufüllen. Nachdem er mit der Herausgabe eines Lehrbuches zur praktischen Geometrie der damals noch kläglich praktizierten, aber überaus notwendigen Landvermessung aus den Kinderschuhen verholfen hatte, folgte Benzenberg wieder seiner eigentlichen Berufung und sah in die Röhre. Frisch vermählt, zog er mit seiner Frau Charlotte in ein ehemaliges Kloster, dessen im Dachgeschoß eingerichtete Sternwarte sich für seine Zwecke schon ganz gut eignete. Mit der Zeit ergänzte er sie um immer wieder neue Geräte. Zu eingehenden Untersuchungen des Himmels kam es allerdings nicht.

Benzenbergs noch sehr junge Frau erlag nur 14 Monate nach der Hochzeit einem schweren Lungenleiden, wenige Wochen später starb auch der Vater. Selbst lungenkrank, erholte sich Johann Friedrich nur langsam von den beiden Schicksalsschlägen. Die gemeinsame Wohnung mit dem angrenzenden Labor rief quälende Erinnerungen hervor. So unternahm Benzenberg einige Reisen, hielt sich längere Zeit zur Kur in der Schweiz auf und kehrte erst Jahre später nach Düsseldorf zurück.

Trotz der Einrichtung einer neuen kleinen Sternwarte in einem Haus an der Hohe Straße blieb die Motivation zu weiteren Weltraum-Abenteuern aus. Offensichtlich hatte für Benzenberg der Himmel an Bedeutung verloren. Zum Ausgleich war sein Interesse an Politik erwacht. Seine publizistische Arbeit der folgenden Jahre trug ihm später den Ruf des ersten Düsseldorfer Liberalen ein. Als äußerst frucht-

Benzenbergs Sternwarte in Düsseldorf-Bilk hat den Krieg nicht überstanden

bar erwies sich die während des Kuraufenthaltes geschlossene Freundschaft mit dem Schweizer Pädagogen und Philosophen Johann Heinrich Pestalozzi, dessen Bemühen um ein moderneres Erziehungssystem für junge Menschen ihn nachhaltig beeindruckte. Gemeinsam entwickelte Gedanken mögen auch Pate gestanden haben, als Benzenberg im Auftrag der Regierung den Plan zur Errichtung einer neuen Rheinischen Universität entwarf. Sie wurde 1818 in Bonn eröffnet, allerdings ohne Benzenberg. Seine freiheitliche Gesinnung schien den staatstragenden Köpfen für eine Professur dann wohl doch zu riskant.

Nichts vermochte den gesundheitlichen Verfall des Wissenschaftlers aufzuhalten, der sich immer mehr gezwungen sah, kürzer zu treten. Das politische Engagement war schon eine Weile in den Hintergrund gedrängt, als ein verhängnisvoller Arbeitsunfall eine neuerliche Wendung brachte. Bei Experimenten zur Flugbahn-Berechnung von Geschossen verletzte sich Benzenberg so schwer, daß er für mehr als sechs Jahre ans Krankenbett gefesselt blieb. Von hier aus bereitete er die Veröffentlichung mehrerer wissenschaftlicher Schriften vor – und den allerletzten Versuch, noch einmal nach den Sternen zu greifen.

Mehr als 30 Jahre lang war in ihm der Traum von einer richtigen Düsseldorfer Sternwarte gereift, der nach seiner Genesung endlich Form anzunehmen schien. Im Stadtteil Bilk fand Benzenberg eines Tages ein Grundstück, auf dem das Haus nach seinen Vorstellungen entstehen konnte. Er taufte es im Gedenken an seine verstorbene Frau »Charlottenruhe« und begann, die Arbeitsräume mit wissenschaftlichen Geräten auszustatten. Prunkstück der Forschungsstätte sollte das seinerzeit modernste Frauenhofer'sche Fernrohr werden, dessen abschließender Installation er von Tag zu Tag mehr entgegenfieberte. Es blieb ein Traum. Die letzten Einzelteile waren bestellt und bereits unterwegs, als Benzenberg am 7. Juni 1846 starb.

Aber Benzenbergs Plan einer funktionierenden Himmelserkundung in Düsseldorf ging auf, wußte doch sein Nachfolger Robert Luther das mit Bedacht gewählte Instrumentarium wohl zu nutzen. Der Assistent des Berliner Astronomen Galle hatte gerade miterlebt, wie sein Chef den Planeten Neptun entdeckte, da erreichte ihn der Ruf ins Rheinland. Für sein ganz persönliches Steckenpferd, den Kosmos nach den kleinen Planetoiden zu durchstöbern, fand er im Bilker Stellarium beste Voraussetzungen. Nach wenigen Monaten erspähte das unermüdlich durchs All schweifende Auge des Gelehrten – einen Tag nach dessen 30. Geburtstag – einen neuen Himmelskörper, der künftig auf den Namen Thetis hören sollte. Die Fachwelt mußte sich daran gewöhnen, noch häufiger Erfolgsmeldungen aus dem Düsseldorfer Observatorium zu erhalten: In den rund 40 Jahren seiner Tätigkeit kundschaftete Luther zwischen Mars und Jupiter die Position weiterer 24 bis dahin unbekannter Objekte aus, von denen sieben im Weltregister des Universums tatsächlich heute als »Düsseldorfer Planeten« vermerkt sind.

Der Preis- und Titelregen war kaum aufzuhalten, im In- und Ausland würdigte man die Dienste des ehrgeizigen Forschers. Wie detektivisch er bei seinen Streifzügen in den Weltenraum vorging, belegen die noch erhaltenen und in Düsseldorf wohlgehüteten Aufzeichnungen Luthers. Die Akribie dieser Recherchen mag verdeutlichen, wie fasziniert er bis ins Alter von seiner Aufgabe blieb. Professor Dr. Robert Luther war auf kaiserliches Geheiß längst in den Stand eines Geheimen Regierungsrates erhoben worden, als er im Januar des Jahres 1900 starb. Die Leitung der Benzenbergschen Sternwarte übernahm sein Sohn Alexander Wilhelm. Der war nicht nur – welch Omen – in diesem Haus geboren, sondern bereits durch eine ähnlich steile Karriere wie Benzenberg aufgefallen, indem er mit ebenfalls knapp 23 Jahren eine vielbeachtete Doktorarbeit über den von seinem Vater entdeckten Planetoiden Amalthea vorgelegt hatte.

Wilhelm Luther aber fand zur Weiterführung der bisherigen Arbeit nur am Rande Zeit. Mit zunehmender Industrialisierung um die Jahrhundertwende gerieten die astronomischen Anstrengungen im Bewußtsein der Öffentlichkeit allmählich in den Hintergrund, so daß es den Wissenschaftler weit mehr beschäftigte, immer wieder für die Existenzberechtigung des Bilker Laboratoriums einzutreten. Freilich ohne große Wirkung, denn die Sternenguckerei war im Schatten wesentlich greifbarerer Sensationen schon so gut wie abgemeldet. Nach dem Tod des zweiten Luthers wurde die Stelle im Stellarium erst gar nicht neu besetzt. Warum auch? Im Zuge der monumentalen Ausstellung »Gesundheitswesen, soziale Leistungen und Leibesübungen« (»Gesolei«) war 1926 am Rheinufer ein Großplanetarium entstanden. Der prachtvolle Hallenbau vermittelte den jeweils 800 darin Platz findenden Besuchern eine durchaus als befriedigend erachtete Bilanz deutscher Himmelsbeobachtungen. Einmal noch sprach man über Luthers Wohn- und Arbeitsstätte: während des Zweiten Weltkrieges, als Bomben der alliierten Streitkräfte die Bilker Sternwarte dem Erdboden gleichmachten. Das protzige Planetarium am Rhein übrigens auch.

Seit Benzenbergs Pionierleistung ist es in Düsseldorf für lange Zeit still um die Astronomie geworden. Daß es heute wieder eine Sternwarte mit seinem Namen gibt, ist einer lokalen Vereinigung zuzuschreiben, die sich viele Jahre lang mit Wiederbelebungsversuchen dieses wissenschaftlichen Zweiges abmühte. Ergebnis: Im Kulturinstitut »Orangerie« in Benrath wurde zumindest ein Mini-Labor eingerichtet, das freilich kaum den Ansprüchen eines Johann Friedrich Benzenberg genügt hätte. Vorwiegend Hobby-Astronomen und Schüler sind es, die hier das Teleskop ins Universum richten.

Hans Müller-Schlösser

Beim Streit um die Maid kippte der Goldfisch um

Einfach unverwüstlich, dieser »Schneider Wibbel«. Das Volksstück aus der Altstadt wurde ein Kassenschlager des frühen 20. Jahrhunderts. Verfasser Hans Müller-Schlösser freilich brauchte wesentlich länger, um am Theater zu landen. »Steck's in den Ofen«, riet ihm ein Regisseur nach Lektüre seines ersten Manuskripts. Der gewitzte Jung-Autor schrieb weiter. Mitunter sogar Liebesbriefe, denen mancher junge Düsseldorfer damals unvergeßliche Stunden zu zweit verdankte . . .

Sein erster Theatertraum überlebte nicht einmal die Premiere: Kaum vier Jahre alt, funktionierte Hans Müller-Schlösser des Vaters Aquarium zur Bühne um. Dazu reichte ein rotes Sacktuch als Vorhang, die eigentliche Aufführung besorgten Phantasie und einige Fingerübungen an der Scheibe. Derart sparsame Requisiten reichten aus, um vor dem geistigen Auge des kleinen Düsseldorfers tapfere Recken und edle Damen in wallenden Gewändern auftreten zu lassen. Dem imaginären Kampf zweier Ritter um das schöne Burgfräulein allerdings war das Heim der Zierfische dann doch nicht gewachsen. Nach Absturz des kompletten Bassins endete die Spielzeit jäh, angesichts der kleinen Überschwemmung blieben die Eltern zurückhaltend mit ihrem Applaus.

Dabei waren sie an der Neigung ihres Sprößlings zur Schauspielerei nicht ganz unbeteiligt. Sagt Müller-Schlösser zumindest, der sich später noch ganz genau erinnern wollte, daß man ihn im zarten Alter von drei Jahren mit in die Oper genommen hatte – in den »Troubadour«. Jedenfalls bestimmte das Theater schon in frühesten Kindertagen sein Leben. Vielleicht, weil er am 14. Juni 1884 ausgerechnet in der Altstadt geboren wurde – mitten in einer kleinen Welt für sich, in der die Originale noch nicht ganz ausgestorben waren. Allerlei kauzige Gestalten und Typen markierten Hans Müller-Schlössers Jugend, und nicht zuletzt die Erzählungen des Vaters, der als Sohn einer alten rheinischen Lotsenfamilie 40 Jahre lang die Weltmeere befahren hatte, mögen die Gedanken des Jungen beflügelt haben. Folgerichtig schlug er auch den Rat seiner Mutter in den Wind, doch um Gottes Willen Beamter zu werden. »Ich hatte einfach nicht das nötige Sitzfleisch«, kommentierte er in seinen Memoiren den festen Entschluß, lieber auf die eine oder andere Weise künstlerisch tätig zu werden.

Das freilich brauchte seine Zeit und war etwas völlig anderes als die frühe Inszenierung vor Goldfisch-Publikum. Eher schon halfen auf diesem Weg Erfahrungen, die der Heranwach-

Schauspielhaus Düsseldorf.

Montag, den 14. Juli 1913.

Uraufführung

Schneider Wibbel

Komödie in fünf Bildern von Hans Müller-Schlösser.

Regie: Paul Henckels.

Personen:

Anton Wibbel, Schneidermeister	Paul Henckels
Fin, seine Frau	Lotte Fußt
Krönkel, Küfermeister	August Weber
Heubes	Fritz Reiff
Knipperling	Julius Herrmann
Mölles, Geselle bei Wibbel	Curt Thiele
Zimpel, „ „ „	Bernhard Fork
Fläsch, Hausierer	Hans Müller-Schlösser
Hopp-Majän, Bänkelsängerin	Else Ranke
Pangdich, Blechschläger	Eugen Keller
Fitzkes	Ret Marut
Seine Frau	Lilli Keller
Tante Mina	Lya Hecker
Der Polizist	Paul Kaufmann
Der Wirt zum schwarzen Anker	Theodor Kigler
Schäng, sein Sohn	Kurt Frisch
Picard, ein französischer Beamter	Ferry Dittrich
Der Küster	Arthur Blask
I. Frau	Frieda Hummel
II. Frau	Elfriede Bohmann
III. Frau	Gladys Henry
Elisabethchen	Hedwig Weyrather
Ein Mann	Adolf Horlebeck

Verschiedene Gäste.

Nach dem dritten Bild 15 Minuten Pause. In der Pause fällt der eiserne Vorhang.

Kassenöffnung 7 Uhr Einlaß 7½ Uhr Beginn der Vorstellung 8 Uhr Ende 10½ Uhr.

Hereinspaziert – das Düsseldorfer Schauspielhaus lädt ein

sende auf mindestens ebenso ungewöhnliche Weise machte. Diesmal auf dem Dachboden, wo der kleine Hans mit Brettern und Besenstielen tatsächlich einen Hauch von Bühne erzeugt hatte. »Ich habe später des öfteren den Theaterdirektor gespielt – aber nie mehr mit so wenig Verlust«, scherzte er einmal in Erinnerung an diese Episode. Gegeben wurde »Undine, romantisches Zauberstück«, Hans und zwei Schulfreunde agierten hinter dem Verschlag. Zum Preis von fünf Pfennig für einen Platz im Parkett (zwei Pfennig fürs zweite Parkett) fanden sich wirklich einige Hausbewohnerinnen, die der Einladung in den obersten Stock gefolgt waren. Hauptsächlich in der Hoffnung auf ein kleines Pausen-Schwätzchen zwischen der täglichen Arbeit. Dennoch, der karge Applaus gab Auftrieb.

Und plötzlich steht der junge Mann tatsächlich auf der Bühne, wenn auch nur als kaum

beachteter Statist im Stadttheater, der natürlich nicht zum Ensemble zählt, sondern mit 15, dann 30 und später 50 Pfennigen pro Einsatz wieder nach Hause geschickt wird. Dort setzt er sich dann in eine Ecke und schreibt . . .

Mit knapp 16 Jahren ist Hans Müller-Schlösser zwar immer noch Komparse, aber dafür hat er in der Freizeit sein erstes Theaterstück vollendet. Ein mächtiges Drama, das den Titel »Herzog Friedrich von Tirol« trägt und als Schauspiel in sechs Aufzügen und einem Vorspiel etwa 4000 Verse umfaßt. Das Manuskript wiegt fast ein Pfund. Eine solche Arbeit lechzt nach Beachtung, und so schickt der Verfasser das wortreiche Paket einem Regisseur am Stadttheater in Elberfeld. Der läßt den Autor wenig später zu einem Gespräch einladen. »Sie sind der Dichter, Sie Knirps?« entfährt es ihm, als Hans Müller-Schlösser ins Büro tritt. Sein Urteil über das Werk klingt zunächst vernichtend: »Hier hast du dein Stück. Steck's in den Ofen, und in zehn Jahren sehen wir uns wieder.« Was er damit meinte, liest sich später in einer Notiz so: »Unreif, aber Talent. Anzeichen von Originalität. Bemerkenswert.«

Müller-Schlösser läßt nicht locker. Sein erstes Liebesgedicht fließt ihm im Gymnasium aus der Feder. Die anderen Obertertianer sind hingerissen. Sie kopieren die zärtlichen Zeilen, und man kommt zur Zufriedenheit aller ins Geschäft: Gegen die Erledigung der Mathe-Hausaufgaben versorgt Hans seine Mitschüler mit Versen fürs junge Herzglück. Als einem Lehrer ein solcher Brief in die Hände fällt, gibt's Ärger. Der Pädagoge tobt, nennt den Text einen »Köder der Sünde« und tituliert den Autor »Jagdhund des Satans«.

Auch die »Düsseldorfer Neuesten Nachrichten« versichern sich der Mitarbeit des talentierten Viel- und Allesschreibers, wenn auch nicht für lange Zeit. Mit Anekdoten aus dem Altstadt-Alltag eingestiegen, bedient Kollege Hans die Sonntagsbeilage der Zeitung eine Weile mit bunten Reportagen, an denen nur gelegentlich stört, daß viele Details von Woche zu Woche erneut auftauchen und jeweils noch farbiger erscheinen. »Zuviel Phantasie«, befindet ein verantwortlicher Redakteur und setzt den Mitarbeiter höflich vor die Tür.

1905 erscheint das erste Buch des knapp 20jährigen, die »Düsseldorfer Geschichten«. Tanzstunden-Liebe Mathilde erhält eine druckfrische Ausgabe, und eigentlich hat sich die Arbeit damit schon fast gelohnt. Müller-Schlösser macht sich allmählich einen Namen, schreibt weiter, mietet für kleine Vortragsabende den Saal eines Männergesangvereins und hebt mit einigen Freunden das »Niederrheinische Schauspiel-Ensemble« aus der Taufe. Kleine Stückchen auf einer kleinen Bühne vor einem kleinen Publikum.

Am Düsseldorfer Schauspielhaus will Müller-Schlösser seine Begabung unter Beweis stellen. Mit dem selbstverfaßten Heimatgedicht »Et feine Gebräu« spricht er bei Louise Dumont vor. Die berühmte Theaterfrau hört zu – und sagt »Danke«. Sonst nichts. Erst Tage später schreibt sie ihm einen Brief: Nicht der Schauspielkunst, sondern der Komödie soll er sich widmen.

Das kann Theaterfreund Hans allerdings nicht abhalten, Stammkunde im Tempel der Kunst zu werden. Durch den Hintereingang schleicht er sich regelmäßig zu den Proben ein und beobachtet heimlich und unentdeckt die Arbeit von Schauspielhaus-Chef Gustav Lindemann. Jahre später bedankt er sich bei ihm schriftlich: »Ich war Ihr hartnäckigster Schüler, und Sie wußten es nicht.«

Das Verfassen weiterer Schnurren und unzählige kleine Auftritte mit eigenen Werken bescheren Erfolge und Mißerfolge, während Hans Müller-Schlösser begonnen hat, an einer großen Komödie zu arbeiten. Eines Tages setzt er sich an den Schreibtisch und macht kaum noch eine Pause: In vier Wochen und einem großen Schwung beendet er das Manuskript zu »Schneider Wibbel« – eine Fleißarbeit, die Bühnen-Profi Lindemann jedoch ablehnt. Probehalber versucht der Autor sein Glück im Stadttheater, wo das Urteil der Verantwortlichen eine baldige Aufführung verspricht. Das

Unvergessen: Willy Millowitsch in der Rolle des pfiffigen »Schneider Wibbel«

Interesse der Konkurrenz läßt Lindemann handeln. »Annehmen, unter allen Umständen«, befiehlt er seinem Haus per Telegramm aus der Schweiz.

Vielleicht nur aus Trotz. Immerhin legt Lindemann Proben und Uraufführung des »Schneider Wibbel« in den heißen Sommer, eine Zeit, in der erfahrungsgemäß mit wenig Publikum zu rechnen ist. Die Premiere fällt dann auch auf einen Tag, da den Schauspielern vor Hitze die Schminke vom Gesicht läuft. Müller-Schlösser spielt selbst eine kleine Rolle – vor allem, um als Autor nicht mit Lampenfieber im Saal sitzen zu müssen.

Die meisten Schauspieler agieren ohne übermäßige Lust, das Theater ist schlecht besucht. Trotzdem: »Wibbel« wird auf Anhieb ein Riesenerfolg, der bereits im ersten Monat weitere 25 Aufführungen erforderlich macht. Lindemann später: »Ja, ja, der Schneider Wibbel, unser Goldstück.« In der Tat entwickelt sich die Geschichte um den einfallsreichen Helden, der in der napoleonischen Zeit trick- und folgenreich einer Strafe wegen Majestätsbeleidigung entgeht, zu einem wahren Renner, dessen Qualität sich schnell herumspricht. Bühne um Bühne inszeniert den neuen Schwank, und bis in die 60er Jahre hinein wird das Stück fast zehntausendmal im In- und Ausland aufgeführt und damit von Rußland bis Afrika zu einem der lustigsten Exportartikel des alten Düsseldorfs. Eine Komödie macht Karriere – in drei Verfilmungen, als Roman verlegt, unter Gründgens als Oper aufgeführt und dann auch in Form eines Balletts auf die Bretter gebracht. Müller-Schlösser selbst sah den Erfolg seines Stücks allerdings weniger in der komischen Handlung, eher in der Tatsache, daß sein Titelheld waschechter Rheinländer sei – wie er selbst: »Wir lachen gerne, weil wir wissen, daß Lachen die Sonne des Lebens ist.«

Der Erfolgsautor scheffelte keine Millionen, aber dank Herrn Wibbel ließ es sich gut leben und an neuen Projekten arbeiten. Weitere Volksstücke wie »Die Laus im Pelz« oder »Der Schutzmann« wurden zu Klassikern auf kleinen und mittelgroßen Bühnen. Insgesamt 15 Komödien, zahllose Geschichten und Anekdoten, zudem viele Novellen und mehrere Romane verdankt die Nachwelt diesem Hans Müller-Schlösser, dessen Name heute ein Straßenschild der Altstadt ziert. Im Herzen Düsseldorfs starb er auch im Alter von 72 Jahren am 31. März 1956.

Helmut Käutner

Der Leisetreter

Hans Albers in der Rolle des versoffenen Verlierers – so etwas konnten die Nazis nicht durchgehen lassen. »Deutsche Seeleute trinken nicht«, rüffelte man Regisseur Helmut Käutner im Propagandaministerium und verbannte die »Große Freiheit Nr. 7« schon bald aus den Kinos. Die Matrosengeschichte wurde später ein Riesenerfolg und für den blonden Hans ein Meilenstein seiner Karriere. Heute gilt der Urheber des Ärgernisses als Vaterfigur des deutschen Films.

Daß bewegte Bilder »made in Germany« nach dem Zweiten Weltkrieg zu internationaler Geltung gelangt sind, ist Männern wie Wolfgang Staudte, Kurt Hoffmann oder Bernhard Wicki zu verdanken. Und Helmut Käutner, der sich mit seinem Schaffen vielleicht als der vielseitigste von ihnen erwiesen hat. Theater, Kino und Fernsehen – Käutner hat sich in allen Genres versucht. Enkel des berühmten Nobelpreisträgers Wilhelm Konrad Röntgen zu sein, hatte Helmut Käutner offenbar nie sonderlich beeinflußt. Am 25. März 1908 in Düsseldorf geboren, entwikkelte er mehr künstlerische Ambitionen als Interesse für Physik. Nach dem Besuch der Oberrealschule verdiente er sein erstes Geld als Zeichner für eine Möbelfirma und schrieb sich dann an einer Kunstgewerbeschule für die Fächer Reklame, Grafik und Innenarchitektur ein. Für weitere zehn Semester ging Käutner anschließend nach München, studierte Kunstgeschichte und Theaterwissenschaft, dazu Germanistik, Philosophie und Psychologie.

Nebenher griff der junge Mann gerne zur Feder. Als gewitzter und bissiger Texter geriet Käutner zufällig zum Kabarett, das ihn in der folgenden Zeit zunächst schreibend, dann sogar als Chansonnier auf der Bühne beschäftigte. Für mehrere Jahre wurde er festes Mitglied des seinerzeit sehr bekannten Studenten-Ensembles »Die vier Nachrichter«, die nicht nur dem Publikum, sondern auch den nationalsozialistischen Kultur-Kontrolleuren aufgefallen und so auf die schwarze Liste gerückt waren. Dem erfolgreichen Quartett blieb nichts anderes übrig als die Trennung. Ein ähnliches Schicksal war auch dem »Kabarett der Komiker« in Berlin beschieden, Käutners zweiter Bühnenstation.

Die Massenkünste – damals in der Blüte ihrer Jahre – hatten es ihm angetan, und so sah er sich nach einem anderen Wirkungskreis um. Nachweislich auf vielen Gebieten talentiert, bekam der Düsseldorfer am Schauspielhaus in Leipzig einen Vertrag als Schauspieler und Regisseur. Zwei Jahre hielt es ihn dort, bis der Wandertrieb nach neuen Zielen rief. So tingelte er weiter umher, inszenierte und spielte für eine Reihe von deutschen Bühnen, besprach und besang außerdem Schallplatten.

Nach wie vor aber drängte es ihn, seine eigenen Ideen umzusetzen. War der tägliche Broterwerb erledigt, brachte Käutner die Einfälle daheim zu Papier und begann mit mehr oder minder großem Erfolg, Romane, Theaterstücke und Drehbücher zu schreiben. »Kitty und die Weltkonferenz« war der Titel einer Arbeit, mit der der Vielschreiber eines Tages bei einem Filmatelier vorstellig wurde. Nicht nur, daß man an seinem Script auf Anhieb Gefallen fand: Käutner erhielt für die Realisierung der leichten aber doch nicht ganz unpolitischen Diplomaten-Komödie überraschend ein Regie-

»Deutsche Seeleute trinken nicht«: Das Matrosen-Märchen mit Hans Albers brockte Käutner einigen Ärger ein

Ab und zu gönnte Käutner sich eine Nebenrolle in seinen Filmen, hier mit seiner Lebensgefährtin im »Hauptmann von Köpenick«

Engagement, obwohl er niemals zuvor ein Studio betreten hatte.

Die Nazis hatten es nicht einfach mit dem Streifen, mußten sie einerseits Anstoß daran nehmen, ihn dann aber doch achselzuckend als harmlos akzeptieren. Ein Ei übrigens, das Käutner ihnen noch viele Male ins Nest legen sollte. Bereits dieses erste Leinwandwerk bewies eine Fertigkeit, die ihn weitgehend ungehindert weiterarbeiten ließ: die Kunst der leisen Töne, des gut getarnten Spotts, die er in der folgenden Zeit noch zu verfeinern wußte. Dabei zahlte sich auch die Boulevard-Tingelei aus; kabarettistische Elemente waren durchaus für den Film zu nutzen.

Das Ergebnis war der Ansatz zu einem neuen deutschen Komödienstil, der zwischen den Zeilen lesen ließ; scheinbar angepaßt und doch mit gewissem Hintersinn. »Frau nach Maß«, »Wir machen Musik«, »Anuschka«, »Romanze in Moll« – Käutner, der in dem für ihn neuen Metier rasch Fuß faßte, übte sich im künstlerischen Seiltanz. Wollte er nicht ideologischer Handlanger der Nationalsozialisten werden, mußten seine Filme frei von jeglichem politischen Touch sein und so wenig zeitbezogen wie nur möglich. Unterhaltung also, ohne Ecken und Kanten. Das kam an; ganz besonders beim Publikum und letztlich auch bei den Herrschaften im Propagandaministerium, die zwar einige Male den Zeigefinger hoben, so recht aber keine Handhabe gegen den Regisseur fanden. Immer wieder suchte sein ausgeprägt empfindsames Sprachgefühl erfolgreich eine Lücke, die die künstlerische Gratwanderung ohne offene Gesinnungsdemonstration ermöglichte. Eine Art Widerstand über die Hintertreppe.

Ironische Verschleierungen, Anspielungen, vieldeutiger Witz. Mit Tricks wie diesen manövrierte sich Käutner zielbewußt durch die Jahre, schilderte ebenso alltägliche wie realistische Situationen und Probleme des Privaten, die bei genauem Hinsehen nur zu gut die Stimmung der Zeit spüren ließen. Freilich, die »Große Freiheit Nr. 7« brockte ihm dann doch großen Ärger ein. So recht konnten sich die Nazis nicht mit dem stets alkoholisierten Hans Albers aus dem St. Pauli-Milieu identifizieren. Wegen offensichtlicher Verunglimpfung der deutschen Seestreitkräfte wurde das Matrosen-Stück schon bald abgesetzt.

Als herausragendes Werk gilt der bis in die allerletzten Kriegstage hinein produzierte Film »Unter den Brücken« mit Carl Raddatz, Hannelore Schroth, Gustav Knuth und – in ihrer ersten Rolle – Hildegard Knef. Fast poetisch und mit pedantischem Blick fürs Detail inszenierte Käutner die Liebe zweier Schleppkahn-Schiffer zu einer jungen Verkäuferin – während über der Reichshauptstadt der Luftangriff tobte und nur die Feuerpausen zur Arbeit genutzt werden konnten. 1950 erst sahen die Zuschauer das fertige Stück, das von den Feuilletonisten anerkennend in die Nähe des französischen Films gerückt wurde. Käutner kam ohne Pathos und große Worte aus. »Ich erzähle gerne kleine menschliche Geschichten, heitere oder dramatische, aber es ist immer leise«, erklärte er als alter Mann in einem Interview. Und: »Ich bin immer ein Kammerspielregisseur gewesen.«

Als einer der ersten wagte sich Helmut Käutner nach dem Krieg wieder an die Kamera. Das Trümmerpanorama des Landes als Kulisse, entstanden innerhalb von zwei Jahren »In jenen Tagen« und die kleine Satire »Der Apfel ist ab«, die ihren Autor zum prominentesten deutschen Regisseur machten. Nach wie vor experimentierte er mit aktuellen Themen, ohne dabei allzu politisch zu werden. Das Fach Unterhaltung blieb seine Domäne, das Menschliche der Spiegel der Gesellschaft. Erst zehn Jahre nach Kriegsende gelang Käutner wieder ein ganz großer Wurf: »Die letzte Brücke« erhielt Preise in Deutschland und in Cannes, was Hauptdarstellerin Maria Schell zu Star-Ruhm und dem Regisseur zu einem Ticket nach Amerika verhalf. Hollywood rief – und Käutner kam, aber nach zwei eher belanglosen Produktionen in der amerikanischen Traumfabrik kaufte er sich eine Rückfahrkarte.

Gut so, denn zuhause gab es genug zu tun. Mit Inszenierungen wie Zuckmayers »Hauptmann von Köpenick« – eine Satire auf den preußischen Militarismus mit einem hinreißenden Heinz Rühmann in der Hauptrolle – hatte er sich verabschiedet. Neue Arbeiten vom Kaliber eines »Schinderhannes« oder »Das Glas Wasser« erlaubten es dem deutschen Kino-Publikum, ihn wieder dankbar in die Arme zu schließen. Käutner versorgte die Nation zuverlässig mit Unterhaltung, und wenn die Sendeanstalten heutzutage wieder einmal das »Haus in Montevideo« aus der Mottenkiste holen, finden sich immer noch genügend Zuschauer für eine respektable Einschaltquote.

Schließlich war es das Fernsehen, das Käutner in seinen letzten Jahren so faszinierte. Vor und hinter der Kamera. »Man wird viel kritischer und genauer in kleinen Dingen«, lobte er die Arbeit mit dem neuen Medium, das er dann mit mehr als 20 Fernsehspielen und Filmen belieferte, darunter auch Stoffe mit äußerst bescheidenem Anspruch, etwa Ludwig Thomas »Lausbubengeschichten«. Kritiker witterten in vielen Gazetten den unaufhaltsamen Abstieg – ein Vorwurf, der Helmut Käutner offenbar

Käutner als »Karl May«

nicht bedrückte. Nicht zuletzt Krimis fanden seine Aufmerksamkeit, und so oft es ging, gönnte er sich den Spaß, als Darsteller finsterer Schurken in TV-Serien wie »Der Kommissar« mit dem unvergessenen Erik Ode oder in einem »Derrick« mitzuwirken. Und vielleicht erfüllte sich sogar eine Art Jugendtraum, als man ihm eines Tages für einen großen Spielfilm die Rolle des Karl May anbot.

Mit den unterschiedlichsten künstlerischen Auszeichnungen hoch dekoriert, ließ der Unermüdliche das aktive Filmemacher-Dasein schließlich hinter sich und zog mit seiner Frau, der Schauspielerin Erica Balque, nach Italien. Als Ruheständler wurde er eine seiner Figuren: Ein Privatmann also mit ganz privaten, gesundheitlichen Sorgen. Immer wieder hörte man in der nächsten Zeit von ernsthaften Erkrankungen. Am 20. April 1980 starb Helmut Käutner auf seinem Alterssitz, einem abgelegenen Haus in der Toskana, wenige Wochen nach seinem 72. Geburtstag. In Düsseldorf bewahrt man das Andenken an eine der interessantesten Gestalten des deutschen Films mit dem Helmut-Käutner-Preis, der regelmäßig für herausragende Leistungen in der Sparte Film vergeben wird – zur Erinnerung an den Regisseur, »dessen Engagement und geistige Unabhängigkeit in einer Zeit der Unterdrückung als beispielhaft gelten können und der sich um das Wiederaufleben des deutschen Films in der Nachkriegszeit verdient gemacht hat.«

Maria Bergrath

Pikant, pikant: Ein deftiges Stück Düsseldorf

Die selige Witwe liebte scharfe Sachen. Nicht zuletzt deshalb krempelte Maria S.C.K. Bergrath die Ärmel hoch, als die kleine Mostrich-Firma ihres verstorbenen Mannes dringend einen neuen Chef brauchte. Der engagierten Unternehmerin verdankt Düsseldorf heute sein unverwechselbares kulinarisches Wahrzeichen und sogar ein Stückchen Kultur. »Dat Mostertpöttche« wurde weltberühmt – selbst wenn mancher mit dem Inhalt so seine Probleme hat . . .

Es fängt recht harmlos an, meist mit einem zarten Kitzeln am Gaumen. Dann aber wird's ernst, spätestens wenn das brennende Gefühl von der Zunge auch auf die Rachengegend übergreift und in den Magen hinabwandert. Es kann nur Sekunden dauern, bis einem die Tränen in die Augen schießen, und ist der Blick infolgedessen schließlich ganz getrübt, darf man versichert sein: Nicht übermäßiger Alkoholgenuß ist die Ursache, Schuld allein hat der Düsseldorfer Senf. Ein kulinarischer Kinnhaken quasi – wenn man ihn nicht richtig zu dosieren versteht. Und diese Kunst beherrscht noch längst nicht jeder.

Wenn's eng wird in Düsseldorfs Altstadt, gerät das turbulente Eß-Erlebnis zum Massen-Happening. Touristen aus aller Welt, zum erstenmal mit der unverwechselbaren Spezialität konfrontiert, nehmen in Unkenntnis der Folgen gerne einmal ein Löffelchen zuviel auf ihren mit rheinischem Hausmacher-Imbiß gefüllten Teller. Das erfreut das Herz des Kenners, der das Schauspiel vom Nebentisch aus mitfühlend verfolgt: Allmählich entgleisen die Gesichtszüge zu beiden Seiten, der Mund öffnet sich, der Gast ringt nach Luft, wobei er geschickterweise gleichzeitig nach dem Kellner Ausschau hält, um ein großes Alt zu ordern. Das lindert die Symptome erst einmal, außerdem erfüllt es wirtschaftlich gesehen seinen Zweck.

Echte Düsseldorfer sind gegen die unheimliche Begegnung der pikanten Art selbstverständlich gefeit. Immerhin lebt die Hauptstadt des Senfs seit einigen Jahrhunderten mit scharfen Sachen. Aber Senf ist nicht gleich Senf, zumal im Rheinland, wo der gute alte Mostert fraglos eine Sonderstellung unter den feurigen Speise-Accessoires einnimmt. Was die Franzosen »moutarde« nennen, die Engländer »mustard« und die Italiener klangvoll »mostarda«, umschreibt im Grunde das Gleiche: Mostrich, der – anders als Senf – seinen temperamentvollen Auftritt nicht dem Essig, sondern einem kräftigen Schuß Wein verdankt. Lateinisch *mustum ardeum,* praktisch scharfer Most also, mit dem bereits die Mönche im Mittelalter turbulente Freuden in die Klosterküche gebracht haben sollen.

Tatsächlich wurde die erste deutsche Senffabrik vor mehr als 270 Jahren in Düsseldorf gegründet. Zwar soll schon Kurfürst Jan Wellem den gelblich-braunen Glanz seiner reichen Tafel aus der eigenen Residenzstadt bezogen

»Dat Mostertpöttche« hat viele Gesichter – und erhielt dafür in Düsseldorf bereits eine eigene Ausstellung

haben, doch halten wir fest: Mit Theodor Esser ging der Senf ab 1726 im größeren Stil in Produktion. Sein Sohn Gottfried führte die Geschäfte weiter, und auf dem Weg einer Erbschaft gelangte die Herstellung der geschätzten Köstlichkeit schließlich in die Hände des Schloßkastellan Johann Cornelius Bergrath, der zu Beginn seiner unternehmerischen Tätigkeit 1781 in den »Gülisch-Bergischen Wochennachrichten« gelobte, stets »vorzügliche Waar zu liefern« und der Kundschaft allzeit »accurate Bedienung« angedeihen zu lassen.

In seinem Laden »im churfürstlichen Schloß gleich neben dem Eingang« stand dann auch die Wiege der heutigen Berühmtheit: des »aechten Düsseldorfer Mostert«. Mehrfach zogen die Bergraths mit ihrer Senfküche innerhalb der Stadt um, bis Adam Bernhard Bergrath sich am Burgplatz niederließ. Hier geschah's: Der Sohn des Kastellans verewigte sein Monogramm und den Düsseldorfer Anker auf kleinen grauen Senftöpfchen, wie sie bis heute als Wahrzeichen des echten und einzigen Mosterts auf den blankgescheuerten Holztischen der Altstadtkneipen stehen.

Auch im Zeitalter der Vielfalt würzender Tubenpasten gerät das Traditionsprodukt nicht in Gefahr: Wer sich auskennt, tritt regelmäßig über die Schwelle eines winzigen Ladens in der Düsseldorfer Mertensgasse, um sein mitgebrachtes Steingutgefäß mit dem blauen Schriftzug »ABB« wieder sachgerecht auffüllen zu lassen.

Seine Blütezeit verdankt der echte Mostert allerdings einer ebenso hübschen wie tatkräftigen Frau. Maria Sibilla Christine Karoline Bergrath übernahm nach dem Tod ihres Mannes im Jahr 1810 das Geschäft am Düsseldorfer Burgplatz und ließ die scharfe Zutat mit dem geänderten Töpfchen-Aufdruck »A.B. Bergrath sel. Wwe.« einen bis dato für unmöglich gehaltenen Siegeszug durch Münder und Mägen informierter Feinschmecker antreten. Höchstpersönlich drehte sie den damals noch der Muskelkraft überlassenen Mahlstein zur Zerkleinerung der Senfkörner und rührte die Masse mühevoll in großen Bottichen an. Die selige Witwe, im Alter von 40 Jahren mit Herstellung und Vertrieb des Produktes auf sich gestellt, soll dem Mostert die Geltung verschafft haben, die er als einzigartige Spezialität aus Düsseldorf bis heute genießt.

»Dat Mostertpöttche« zog um die Welt. Als sich in der direkten Familienlinie nach dem Ableben der rührigen Dame und ihres Sohnes Peter Bergrath im Jahr 1878 kein Nachfolger mehr fand, lenkte in den folgenden Jahrzehnten mit Heinrich Ditges ein Verwandter die Geschicke des Geschäfts. Die Witwe, das erkannte er bald, hatte prächtige Arbeit geleistet. Wie Chroniken belegen, beförderte Ditges Düsseldorfs schärfsten Exportartikel bis nach China und brachte es gar zum Titel des Hoflieferanten für die Majestäten in Dresden.

Mit Beginn des 19. Jahrhunderts festigte Düsseldorf seinen Ruf als Senfmetropole, als

Wie in guten alten Zeiten: Noch immer gibt's Bergraths Mostert in einem kleinen Laden in Düsseldorfs Altstadt

eine ganze Reihe kleinerer und größerer Fabriken in der Stadt die Produktion aufnahmen. Die Essers, die Bergraths, die Ditges. Es gibt sie nicht mehr, und trotzdem bleibt das alte Gewürzmittel samt Töpfchen in der Speisesparte Mostert weltweit ungeschlagen. Mittlerweile kommt der »aechte Mostert« von A.B. Bergraths seliger Witwe aus der Großküche auf den altstädtischen Ladentresen. Heute wird der Scharfmacher als eines der Produkte der Firma Appel & Frenzel hergestellt, die der Zunft mit ihrem bekannten »Löwensenf« Ehre macht. Am Rande der teils automatisierten Herstellung pflegt das Unternehmen die althergebrachte Würzkultur weiter, im Tresor des Hauses bewahrt man noch das Rezept der Witwe Bergrath auf. Schließlich machen die Zutaten und ihre jeweiligen Mengen das Geheimnis um den Mostert aus, der in rätselumwobener Verfeinerung der Grundmischung aus schwarzen und gelben Senfkörnern je nach Gusto süß, mild oder scharf angerührt wird.

Lebte Maria S.C.K. Bergrath noch – sie könnte sich getrost zur Ruhe setzten. Allein die Düsseldorfer Altstadt verbraucht pro Monat zwölf Tonnen ihres Mosterts, der in einigen Lokalen sogar ausschließlich gereicht wird. Andere Marken kommen erst gar nicht auf den Tisch. Und nicht selten sind dort mit den Gästen auch anschließend die dekorativen Töpfchen verschwunden. Das »Mostertpöttchen« gehört zu den Wahrzeichen der Stadt, erscheint als Postkartenmotiv neben Jan Wellem und dem Schloßturm und gilt in den Souvenirläden als gefragtes Mitbringsel.

Wie sehr das kleine Bergrath'sche Senffaß Furore machte, läßt sich auch an vielen anderen Stellen erkennen. Der rheinische Autor Hans Müller-Schlösser benannte schon 1934 eine Sammlung von Schwänken nach der lokalen Würzsensation, und wenig später fanden sich auch einige Dichter von Karnevalsliedern in einem Club namens »Die Mostertpöttchen« zusammen. Und mit dem grau-blauen Miniaturhumpen am Ordensband zeichneten Düsseldorfs Jecken lange Zeit verdiente Büttenredner und Gönner aus. Pate stand der deftige Brei samt Verpackung zudem für ein Quartett närrischer Unterhalter, das als die »Vier Mosterts« kurz nach Kriegsende mit seinen nicht minder deftigen Einlagen in ganz Deutschland zum Boten Düsseldorfs und seiner Spezialität wurde. Die Idee freilich, in Anlehnung an das Geräusch der örtlichen Senfmühlen eine sogenannte »Senfmusik« zu komponieren, konnte sich letztlich nicht durchsetzen. Immerhin hat die Witwe Bergrath dafür gesorgt, daß man sich hierzulande nicht des Sprichworts »Eulen nach Athen tragen« bedienen muß: Das »Rheinische Wörterbuch« vermerkt als Formel für absolut überflüssiges Tun die Redensart »Mostert nach Düsseldorf bringen«.

Heinrich Heine

Deutschland über alles – aber ohne Harry

Origineller Platz für eine Wiege: Wo preußischer Beamtenstaat und französischer Geist aufeinandertrafen, blickte Heinrich Heine zum erstenmal in die Welt. Eine verrückte Welt, wie er bemerkte. Grund genug, über eine geeignetere Form des Miteinanders der Nationen nachzudenken. Heine dachte laut nach, was ihm nicht nur den Ruhm eines brillanten Systemkritikers eintrug. Heute gilt der oft umstrittene und vielen unbequeme Dichter aus Düsseldorf als einer der frühen geistigen Väter Europas.

Ein echter Schelm macht auch vor der gestrengen Lehrerin nicht halt. Die Schnupftabakdose plötzlich randvoll mit Sand – Frau Hindermanns ließ ihren Blick durch die Bankreihen der sonst so braven I-Dötze schweifen. Für derlei Missetaten kam wieder nur einer in Frage: Harry Heine, einziger Junge in der Klasse. Das alte Lied: Der freche Hahn im Korb nahm sich eine ganze Menge 'raus, und seine unmißverständliche Kritik verschonte nur den Kreis der Menschen, die er mochte. Frau Hindermanns gehörte nicht dazu.

Dabei galt der Lümmel eigentlich als überaus empfindsames Knäblein. Der Düsseldorfer Tuchhändler Samson Heine und seine Frau Betty waren sich einig: der Junge sollte es einmal besser haben. Den Wunsch kennt man. Aber Mutter Betty träumte von Nägeln mit möglichst großen Köpfen und hatte sich den Filius mittlerweile als Mann vom Format eines Bankier Rothschild ausgemalt. Geld und Macht – in den Augen der Mutter der beste Weg, um im Preußenstaate als Sproß einer jüdischen Familie zu Ansehen zu gelangen. Harry indessen ließen die hochfliegenden Pläne seiner Frau Mama reichlich kalt. Sollte ihm ein solches Denken tatsächlich in die Wiege gelegt worden sein, muß er es wohl schon in jungen Jahren verächtlich über Bord geworfen haben. Genau nahm er es nicht einmal mit seinem Geburtstag. »Hauptsache ich bin da«, beendete er in späteren Jahren die Fragerei nach dem exakten Datum. Die meisten Biographen sind freilich übereingekommen, den 13. Dezember 1797 als wahrscheinlichste Variante zu akzeptieren.

Was für eine seltsame Zeit. Im Schlepptau der Französischen Revolution waren die Nachbarn dem Rhein immer näher gerückt. Düsseldorf wurde von den Militärs der Besatzer regiert, Harry und seine Freunde wuchsen zwangsläufig zwischen den Fronten zweier recht unterschiedlicher Kulturkreise auf. Originelle Freunde übrigens. Die Scharfrichters-Tochter Josefa mit dem feuerroten Haar mochte als jugendliche Flamme gerade noch durchgehen. Warum der beste Freund ihres Sohnes aber ausgerechnet ein frühreif vor sich hin philosophierender Bursche mit Spitznamen »der Atheist« sein mußte, blieb den Heines schleierhaft. Gegen die Verbindung mit speziell diesem Kameraden sprach vielleicht auch der belanglose Umstand, daß der Kerl immer einen toten Hering in der Hosentasche mitschleppte.

Von wegen Rothschild: Harry erwies sich in Sachen Einzelhandel und Management als ausgemachte Niete. Schon als Lehrling des Bankiers Rindskopf in Frankfurt stellte er sich recht dumm an, und auch bei den Lektionen, die ihm der millionenschwere Onkel Salomon zwei Jahre lang in seiner Hamburger Firma zuteil werden ließ, wird Heine andere Dinge im Kopf gehabt haben. Jedenfalls benötigte er nur ein knappes Jahr, um anschließend seine eigene, wenn auch kleine und mit Onkels Geld eingerichtete Firma finanziell in den Sand zu setzen. Dafür nannte er sich mittlerweile Heinrich und hatte im Grunde ganz andere Sorgen: Der Damenwelt alles andere als abgeneigt, vergrub er sich nun nachhaltig in Liebeskummer. Cousine Amalie – liebreizend, grünäugig und von guter Figur – hatte ihm einen Korb gegeben.

Heine suchte den Ausgleich: Mehr denn je schmiedete der 19jährige jetzt Verse – eine Leidenschaft, die er auch bisher dem Umgang mit Geschäftsbüchern und Rechnungen stets vorgezogen hatte. Die Themen lagen auf der Straße: Vaterland und Patriotismus standen hoch im Kurs. Onkel Salomon jedoch ließ es sich nicht nehmen, nochmals tief in die so prall gefüllte Tasche zu greifen. Jura sollte der ungeschickte Neffe studieren, und so gelangte Heinrich nach Bonn. Ein kurzes Gastspiel nur, aber ein prägendes. Die Studenten verbrachten viel Zeit auf der Straße, demonstrierten für liberale Reformen. Fast zeitgleich mit Heines Immatrikulation hatte sich Deutschland zwar der Fuchtel Napoleons entzogen, den erneuten Griff der preußischen Fürsten nach ihrer alten Machtstellung aber mochte man nicht hinnehmen.

Heine war Rheinländer, kein Preuße, und in den Turbulenzen der nun zersplitterten Heimat wuchs sein Ärger über die radikalen Bestrebungen der neuen/alten Oberen, das Volk regieren zu wollen. Instinktiv wandte sich sein Wesen auch gegen extremistische Bestrebungen und übertriebene Deutschtümelei. Der Student schrieb sich die Wut von der Seele. Wie sehr ihn die Lebensumstände damals bedrückt haben mögen, ist nachzulesen in seinen berühmten Versen »Deutschland. Ein Wintermärchen« – ein kraftvoller Tritt in des preußischen Adlers Allerwertesten.

Dem Beruf des Advokaten brachte ihn das Bonner Jahr jedoch kein bißchen näher. Statt sich mit juristischem Wissen ausstatten zu lassen, saß Heine in Literatur- und Kunst-Vorlesungen. Zum Beispiel bei August Wilhelm Schlegel; der Begründer der romantischen Schule hatte es dem jungen Mann angetan. Heine erkannte die Gefahr, sich auf dem von Onkel Salomon vorgezeichneten Karriere-Weg zu verzetteln. Er verließ Bonn, versehen mit dem Prädikat, zumindest eine »beachtliche Anlage zur Satire« zu haben, und schrieb sich, nach einem kurzen Abstecher für ein Wintersemester in Göttingen, schließlich in Berlin ein. Eine verrückte Stadt, wie er schnell herausfand: »Es sind wahrlich mehrere Flaschen Poesie nötig, wenn man in Berlin etwas anderes sehen will als tote Häuser und Berliner.«

Offenbar ging's dann doch ohne den Trank, denn beim Marsch durch die verschiedenen gesellschaftlichen Kreise traf er auf die »geistreichste Frau des Universums«. In den Salons der Jüdin Rahel Levin entdeckte der Dichter in spe bekannte Kollegen: Chamisso und Alexander von Humboldt verkehrten hier, Hegel und Ranke gaben sich gerne und oft die Klinke in die Hand. Ein geistiges Forum nach Maß, zumal Treffpunkt der Kultur-Elite.

Insgeheim vollzog sich eine Entwicklung, Heine wurde zum Kämpfer. Das Studium der Juristerei, der ebenfalls schreibende Freundeskreis, das Land im Umbruch – Elemente, die den Charakter des Dichters einem klareren Standpunkt näherbrachten. Immer kritischer begann er sich in seinen Texten mit den politischen Zuständen auseinanderzusetzen, immer bissigere Verse entflossen seiner Feder. Heine war soweit, mit Deutschland endgültig abzuschließen. Das »Land der Eichen und des Stumpfsinns« bot seinen Vorstellungen des Lebens keine Grundlage. »Alles Deutsche wirkt auf mich wie Brechpulver«, empfand er. Doch wohin? Und vor allem: Wovon leben? Die Beantwortung solcher Fragen sollte ihn einige Jahre beschäftigen.

»Denk ich an Deutschland ...« Heinrich Heine tat's oft – und machte seinem Ärger Luft

Einstweilen bei den inzwischen nach Lüneburg verzogenen Eltern einquartiert, unternahm er eine Reihe ausgedehnter Reisen. In England und Italien suchte er nach Hinweisen auf seine mögliche Zukunft, wollte in Hamburg und auf Norderney Gewißheit über seine Bestimmung erlangen. Ein zu langem Nachdenken bestimmter Ausflug nach Helgoland mag letztlich die Entscheidung gebracht haben.

Wichtigster Haltepunkt des bis dahin rastlosen Wesens wurde Paris. 34 Jahre alt, ließ Heinrich Heine sich in der buntschillernden Metropole nieder. Die »Allgemeine Zeitung« verpflichtete ihn zum Auslandskorrespondenten, diverse französische Blätter druckten seine Kolumnen. Davon konnte man leben. Und Heine genoß dieses Leben. Gierig sog er den Zauber der beschwingten Weltstadt in sich auf, eroberte sie für sich. Alles war so anders, und die Türen dieser Welt standen ihm weit offen. Auch die der Mädchen, nicht zuletzt der leichten. Das Gewerbe faszinierte ihn in ganz besonderem Maße, und in kürzester Zeit kannte er die Adressen wie seine eigene. Bis zu jenem Tag, als der Blondschopf wieder einmal in bewährter Gelassenheit durch die Straßen flanierte . . .

Das Heine-Monument. Zu Anfang schieden sich die Geister angesichts der eigenwilligen Inszenierung

Dieses Gesicht hinter der Fensterscheibe. Heine konnte es nicht vergessen, und eines Tages betrat er das Schuhgeschäft. Sie nannte sich Mathilde, war ein hinreißend hübscher Teenager und absolvierte im Laden ihrer Tante eine Lehre als Verkäuferin. Auch für sie bedeutete Paris einen völlig neuen Lebensabschnitt. Als uneheliche Tochter einer Bäuerin und eines unbekannten reichen Herrn hatte sie bis vor kurzem noch auf dem Land gelebt und Kühe gehütet. Ein ungleiches Paar, das seine Verliebtheit genoß – auch wenn beide etwas völlig anderes darunter verstanden. Mathildes ungestüme Art, ihre kindliche Lebenslust, rissen Heine von Anfang an mit. Aber sie traf ihn auch empfindlich. Der Dichter lernte die Eifersucht mit ihren schmerzlichsten Auswirkungen kennen. Er verlor beinahe die Beherrschung, wenn er Mathilde in Gesellschaft anderer Menschen wußte. Sogar in der Tante witterte er plötzlich Konkurrenz, die ihm den Rang in der Gunst des Mädchens streitig machen wollte. Und nicht einmal Mathildes Papagei wollte er neben sich dulden. Heine vergiftete den Vogel, nachdem für ihn feststand, daß die Angebetete dem Tier entschieden zuviel Aufmerksamkeit schenkte.

Mathilde wurde seine Frau – sehr zum Mißfallen der Familie in Deutschland. Vor allem Salomon Heine zeigte sich enttäuscht, mit dem unbedarften Kind an der Seite des Neffen wußte er wenig anzufangen. Dennoch gewährte er dem Paar weiterhin finanzielle Unterstützung, wie Heinrich sie seit einigen Jahren schon aus Deutschland bezog. Immerhin waren seine Bücher dort mittlerweile verboten, und die französische Regierung gewährte dem Künstler nur eine recht geringe Pension. Mit der Arbeit für die Zeitungen war kaum noch genug Geld zu verdienen. Heine blieb produktiv, reiste ein letztes Mal in seine Heimat und verfaßte unter anderem die »Neuen Gedichte«. Und so wechselhaft das Leben mit Mathilde sich auch anfangs gestaltet hatte, wuchsen die beiden mit der Zeit doch zusammen.

Heine war 51 Jahre alt, als er die Haustür hinter sich schloß, um nie wieder auf die Straße hinauszutreten. Von Kindesbeinen an hatte er häufig unter Migräneanfällen und Kopfschmerzen gelitten, mit zunehmendem Alter wurde er regelmäßig auch von Depressionen heimgesucht. Jetzt schlug das Schicksal mit aller Kraft zu: Lähmungserscheinen stellten sich ein, zunächst an den Händen, dann auch übergreifend auf andere Gliedmaßen. Sein Augenlicht wurde schwächer, bis er – fast blind – kraftlos das Bett hüten mußte; unfähig, ohne fremde Hilfe zu leben.

Abgemagert zum Skelett, erwartete er den Tod. Acht Jahre lang. Nicht abgebaut hatte einzig sein Gehirn. In der »Matratzengruft« der Wohnung hoch über der Stadt erlebte man ihn bis zum Ende als wachen Geist, der seinen unverkennbaren Witz jederzeit einzusetzen wußte. »Paris trägt mich auf Händen«, scherzte er noch, als der Arzt ihn nach einer Untersuchung wieder vorsichtig ins Bett hob. Dann wurde es still um den Dichter. Geblieben war ihm allein Mathilde, die ihren Mann rund um die Uhr aufopfernd pflegte. Am 17. November 1856 starb Heinrich Heine. Als der Sarg über die Avenue Matignon getragen wurde, ahnte niemand, was der Tote der Nachwelt hinterlassen hatte.

Erst viel später fand sich ein Großteil der Werke, die Heine in 40 Jahren niedergeschrieben hatte. Gedichte, Balladen, Lieder – und Satiren, die ihre Gültigkeit vielfach bis heute behalten haben. Heinrich Mann nannte den scharfzüngigen Literaten und Verfasser solcher Schriften wie der »Reisebilder« oder dem »Buch der Lieder« später einmal das »vorweggenommene Beispiel eines modernen Menschen«.

Universität Düsseldorf – eine Ehrung für den wohl bekanntesten Sohn der Stadt

Toni Turek

Der Fußball-Gott, der keiner sein wollte

Diese Ruhe konnte nervös machen. Haarscharf am Tor vorbeifliegenden Bällen sah Anton Turek nicht einmal nach. Der beliebte Nationalkeeper hatte seine eigenen Rituale: Entweder er hielt das Leder, oder er erkannte sofort, daß der Schuß ein Flop wurde. Deutschlands »Held von Bern« war ein Ballkünstler allererster Garnitur – und ein Sportler, der nichts mehr fürchtete als den übertriebenen Kult der Fans um seine Person.

Ganz knapp. Nur um wenige Zentimeter hat das runde Leder das Tor verfehlt. Hat er es geahnt? Jedenfalls hat er sich keinen Zentimeter bewegt, dieser Torwart. Ist seelenruhig zwischen den Pfosten stehengeblieben, so daß es nicht einmal verwunderlich gewesen wäre, wenn er auch noch die Hände in die Taschen gesteckt hätte. Cool, absolut gelassen, selbst als der gegnerische Spieler sichtbar zum Schuß ausholte. Zuviel für Fritz Walters Nervenkostüm: »Manchmal glaube ich, der guckt die 'raus!«

Der Mann, um den es ging, behielt seine Standard-Pose derweil bei und verfolgte aufmerksam das weitere Treiben auf dem Rasen. Denn Fritz Walter irrte: Toni Turek war kein Zauberer – aber ein unverschämt guter Fußballspieler. Szenen wie diese war man schließlich von ihm gewohnt, und nicht ohne Grund hatte der österreichische Rundfunk-Reporter Heribert Meisel einst fassungslos festgestellt: »Der hat die Ruhe von einem Wiener Hausmeister.«

Vielleicht half ihm bei dem schwierigen Job vor dem Netz seine Art, die Dinge nüchtern und sachlich betrachten zu können. Statt auf der Linie zu tänzeln, irritierte er Angreifer vielfach mit Blicken, fixierte den ankommenden Schützen, und nicht selten gelang es ihm auf diese Weise tatsächlich, die Schußrichtung des Balls zu ahnen. Im entscheidenden Moment dann dort zu stehen, das war der Trick. Wozu also hektisch werden?

Eingreifen konnte Turek schließlich immer noch, und wenn er es tat, war ihm der Jubel der Fans ebenso sicher. Daß sich niemand um seine Reaktionsfähigkeit zu sorgen brauchte, hatte Toni unzählige Male unter Beweis gestellt. Auch lange vor dem 4. Juli 1954. Das war der Tag, von dem die Fußball-Nation noch heute mit Ehrfurcht spricht.

Das Fernsehen als Massenmedium war noch eine Vision. Einige tausend Geräte erst gab es, und clevere Kneipenwirte machten den Umsatz ihres Lebens, indem sie einen der begehrten Kästen ausliehen und an diesem Sonntagnachmittag auf ihren Tresen stellten. Millionen von Menschen hockten zuhause an den Radiogeräten. Viel Mühe hatte es gekostet, in den Nachkriegsjahren wieder eine manierliche Nationalmannschaft auf die Beine zu stellen – jetzt bestritt sie bei der Fußballweltmeisterschaft im schweizerischen Bern sogar das Finale. Ein Spiel, bei dem sicher sogar mancher Zuhörer in seinem deutschen Ohrensessel schweißnasse Hände bekam. Deutschland gegen Ungarn – eine Begegnung, die bis in die Schlußminuten an spannenden Szenen nichts ausgelassen hatte.

Der gefeierte Nationaltorwart ganz privat, mit seiner Ehefrau »Mietzi« in seinem Haus in der Nähe von Düsseldorf

Sensationell: Sepp Herbergers Elf kann sich auf dem regennassen Rasen gegen die Magyaren behaupten, erkämpft das 2:2 und dann – unglaublich – sogar das 3:2. Wenn jetzt der

Ausgleichstreffer fällt, kann der Traum wie eine Seifenblase platzen. Einige Sekunden sind noch zu spielen. Ungarn-Star Kocsis kommt in Ballbesitz und tanzt wieselflink auf Tonis Tor zu. Der steht in diesem Moment noch, als hätte man ihn dort eingepflanzt und verzieht keine Miene. Sieben Meter trennen die beiden Männer, als Kocsis völlig frei steht und abzieht. Keine Chance. So gewaltig der Schuß auch sein mag, Toni Turek ist schneller. Blitzartig reißt er die Arme hoch, mit beiden Fäusten stoppt der 1,84 Meter große Keeper die Reise des gefleckten Geschosses. Der Schiedsrichter pfeift ab. Was für ein Triumph: Deutschland ist Fußball-Weltmeister!

In Tausenden Wohnungen wird gejubelt, zur Freude über die Wiederherstellung des Nationalstolzes ein Faß aufgemacht. Toni ist der Mann des Tages. Er weiß es noch nicht, aber in diesem Moment steht fest, daß er als der »Held von Bern« in die Sportgeschichte eingehen wird. So nennen sie ihn schon, als die Mannschaft nach einer kurzen Siegesfeier vor Ort wieder in die Heimat zurückkehrt. Auch dort soll die Schlüsselfigur dieses legendären Spiels gefeiert werden. In einem großen hölzernen Bierfaß fährt man Turek über die Königsallee. Der von Fan-Schwärmen gesäumte Prachtboulevard Düsseldorfs brummt förmlich. Die Menge johlt, und immer wieder hört man Rufe, wie sie der Hauptdarsteller der Show schon seit Jahren kennt: »Toni – du bist ein Fußball-Gott!«

Blödsinn, wird der Mann gedacht haben, und oft genug hat er es ihnen schließlich – wenn auch netter verpackt – ins Gesicht gesagt. Daß er der Massenhysterie um den Fußball, vor allem aber um seine eigene Person ohnehin recht skeptisch gegenüberstand, war bekannt. Dieser Anton Turek war kein Gott, ganz klar. Aber er wollte auch nicht so gesehen werden. Er selbst verstand sich als Sportler, als eine Art Handwerker in kurzer Hose. Nun gut, »Meister seines Fachs« – Titel dieser Kategorie nahm er gerne und geschmeichelt hin. Bescheiden nennt man das.

Und so kannten ihn auch jene, die mit ihm kickten, bevor er ins Rampenlicht aufrückte. Geboren am 18. Januar 1919 in der Hauptstadt des Ruhrpotts, stülpte er sich bei den Amateuren von Duisburg 1900 zum ersten Mal die Handschuhe des Torwarts über. Während des Krieges wurde der angehende Bäckergeselle Schlußmann beim SSV Ulm 46, dann bei der Eintracht Frankfurt und arbeitete schließlich neben seiner Aufgabe im Tor der 46er als Sportlehrer in einem Ulmer Jugendgefängnis. Der sportliche Durchbruch gelang ihm mit dem Wechsel nach Düsseldorf.

Im Fortuna-Trikot sammelte Toni Lorbeer um Lorbeer. Für heutige Fußballverhältnisse schon fast im Greisenalter, erreichte ihn als 31jähriger die Berufung in die Nationalmannschaft. Einen älteren Torhüter hatte der DFB noch nicht erlebt. Spätzünder Toni kam, sah und hielt – und wurde dabei zum Fußball-Idol wider Willen. Wie sehr ihm allerdings vor einer Karriere als Star grauste, hatte er immer wieder durchblicken lassen.

So blieb Turek denn auch in Diensten der Düsseldorfer Rheinbahn, als die sportlichen Erfolge ihn längst international bekannt gemacht hatten. Vom einfachen Angestellten zum Abteilungsleiter hatte er es gebracht, so war es gut und so sollte es bleiben. Für viele unverständlich: Manager ausländischer Teams schickte er samt ihren prallen Scheckheften wieder nach Hause, ebenso freundlich wie entschieden lehnte er es gegenüber Vertretern großer Firmen ab, sich vor ihren Werbekarren spannen zu lassen. Dabei warf der Profi-Fußball jener Tage nicht gerade Reichtümer ab.

So blieb es abseits des Fußballs im Hause Turek beim Teamwork: Toni schaffte weiter im Büro, seine Frau Wilhelmine arbeitete als Verkäuferin. In Düsseldorfs Nachbarstadt Neuss verwirklichten die beiden ihren Traum von den eigenen vier Wänden inklusive schmückenden Grüns. Bis dahin aber festigte der Tormann seinen Ruhm als atemberaubendes Talent. Sein Markenzeichen blieb das gleiche: die eiserne

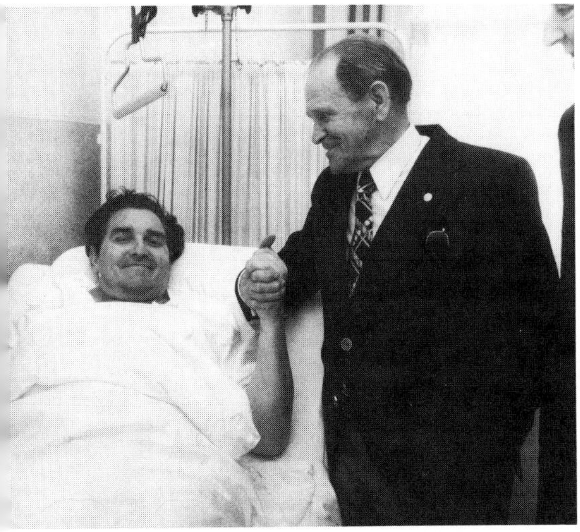

Freunde: Sepp Herberger besucht Toni Turek im Krankenhaus

Ruhe in den brenzligsten Situationen, für manche nach wie vor ein unerklärbares Phänomen. Wobei natürlich auch ihm gelegentlich ein Ball durch die Lappen – sprich: ins Netz – ging. Das liegt in der Natur des Spiels.

Drei Jahre nach dem Weltmeisterschafts-Erfolg machte Anton Turek Schluß mit den Auftritten auf großer Bühne. Düsseldorfs Fortunen mochten dem fast 40jährigen keinen neuen Vertrag mehr geben, bei Borussia Mönchengladbach beschloß er dann seinen Ausstieg. Fußball spielen ließ sich auch auf kleineren Plätzen nach Feierabend, und so griff der einstige Großmeister ab 1957 lieber dem Nachwuchs diverser Amateurclubs aus den umliegenden Städten seines Wohnorts unter die Arme, beziehungsweise Beine. Der eher unauffällige Mann, der – heute kaum denkbar – mit seinem Privatleben nie in die Schlagzeilen geraten war, drohte in Vergessenheit zu geraten.

Leider nicht. Die Gazetten melden es 1973 lautstark: Toni Turek schwer erkrankt! An einem herbstlichen Sonntagmorgen ändert sich das Leben der Familie. Wilhelmine sitzt am Frühstückstisch und wartet auf ihren Mann. Vergeblich – der Athlet liegt im Bett und kann plötzlich seine Beine nicht mehr bewegen. Toni ist von der Hüfte abwärts gelähmt. In der Düsseldorfer Uni-Klinik nehmen Ärzte den Kampf gegen die Zeit auf. Nach Tagen ist der Patient außer Lebensgefahr, aber es bleibt zunächst ungewiß, ob er Rollstuhl oder Krücken jemals los wird.

Toni schafft es. Der Weltmeister erholt sich. Halbwegs. Mühevoll muß er das Gehen wieder lernen, regelmäßige Aufenthalte in einem Rehabilitationszentrum helfen ihm dabei. Nach Ansicht der Ärzte hat einer der wesentlichen Wesenszüge, die Turek in seiner sportlichen Laufbahn auszeichneten, ihm das Leben gerettet: seine Gelassenheit. Ihr verdanken es die Fans wohl, daß sie ihr sympathisches Idol eines Tages plötzlich wiedersehen. Nach Jahren der Erholung, in denen er Fußball allenfalls vor dem Bildschirm verfolgen konnte, taucht der Düsseldorfer wieder im Stadion auf. Es dauert eine Weile, bis er den Weg vom Parkplatz bis zur Tribüne zurücklegt hat, und er muß auf jeden seiner Schritte genau achten. Aber Toni ist wieder da, und man sieht ihm an, wieviel Freude er beim Besuch der Spiele hat.

Doch es kostet ihn viel Kraft, wieder am aktiven Leben teilzunehmen. Neue Schicksalsschläge stellen sich ein. Ein Schlaganfall, ein Herzinfarkt, die Kette reißt nicht ab. Einer Herzoperation folgt ein ärztlicher Eingriff an der Galle. Selbst für einen Mann mit solcher Energie zuviel: Am 11. Mai 1984 gibt es keine Rettung mehr. Deutschland trauert um Torwart Toni Turek.

Friedrich Spee

Der Hexen-Anwalt

Sie nannten ihn einen Ketzer – und beinahe wäre Friedrich Spee auf dem Scheiterhaufen geendet. Der couragierte Priester aus Kaiserswerth hatte der weltlichen und kirchlichen Obrigkeit empfindlich auf die Füße getreten, als er für mehr Gerechtigkeit in den Prozessen gegen vermeintlich böse Zauberinnen stritt. Aber der Haudegen vom Rhein hatte auch noch ein ganz anderes Gesicht . . .

Kopernikus' Erkenntnis, daß die Erde nicht Mittelpunkt des Universums ist, sondern mit vielen anderen Planeten die Sonne umkreist, ließ das Weltbild seiner Zeitgenossen nachhaltig aus den Fugen geraten. So gelten die Forschungsergebnisse des Astronomen als mitverantwortlich für manche Verwirrung, die vor allem das Leben des 17. Jahrhunderts kennzeichnete. Ihrer altüberlieferten Orientierungshilfen beraubt, verfielen die Menschen in bis dahin nicht gekannte Ängste. Gewitter und Mondfinsternis, Krieg und Pest, Erdbeben, Sturmfluten und Mißgeburten – vielerlei unheilvolle Erscheinungen drängten zu neuen Definitionen und veranlaßten zur Suche nach Ursachen. Ein idealer Nährboden für Phantasien, die schließlich auch den Hexenwahn in Deutschland seine Blütezeit erleben ließen.

Es bedurfte für eine Frau nicht unbedingt einer kriminellen Handlung, um als böse Zauberin angeprangert zu werden. Ein Verdacht genügte, sprich: es reichte aus, ins Gerede gekommen zu sein, sei es wegen einer Lappalie, sei es durch Zufall bei einer Zecherei im örtlichen Wirtshaus. Dementsprechend verbreitet waren auch die Hexenprozesse, die in ganz Deutschland die Scheiterhaufen lodern ließen. Dabei gab es durchaus Kritiker dieser verdächtig simplen Gerichtsbarkeit. Einer von ihnen war Friedrich Spee von Langenfeld.

Dem Jesuitenpater – von Hause aus ein Mann, der kein Blatt vor den Mund nahm – waren schon in jungen Jahren Zweifel an der Rechtmäßigkeit solcher Prozesse gekommen. Häufig bedeutete eine Anklage als Hexe auch schon den gewaltsamen Tod der betreffenden Frau. Farcen also, wie Spee befand. Mit derlei Ansichten machte sich der damals in Paderborn wirkende Geistliche und Professor für Moraltheologie nicht gerade Freunde. Was der Mann da in seinen Vorlesungen zum besten gab, war mehr als verdächtig. Und es war längst nicht alles.

Für Aufruhr sorgte 1631 ein Buch, das unter dem Titel »Cautio criminalis – Rechtliche Be-

Eine Gedenktafel erinnert an der Kaiserswerther Kirche noch heute an Spee und sein mutiges Wirken

denken wegen der Hexenprozesse« veröffentlicht wurde und der Gesamtheit der Fürsten, Beamten, Kirchenmänner und Richter gehörig auf den Magen schlug. Die »Cautio« war eine handfeste Anklage gegen den Hexenwahn, sein Autor eigenem Bekunden nach ein »unbekannter rechtgläubiger Theologe«, der anonym bleiben wollte. Es brauchte keine übermäßige Kombinationsgabe, um das publizierte Gedankengut dem ohnedies umstrittenen Friedrich Spee zuzuordnen. Ein Auszug:

»... was suchen wir so mühsam nach Zauberern? Hört auf mich, ihr Richter, ich will euch gleich zeigen, wo sie stecken. Auf, greift Kapuziner, Jesuiten, alle Ordenspersonen und foltert sie, und sie werden gestehen. Leugnen welche, so foltert sie drei-, viermal, sie werden schon bekennen. Bleiben sie immer noch verstockt, dann exorziert, schert ihnen die Haare vom Leib, sie schützen sich, der Teufel macht sie gefühllos. Fahrt nur fort, sie werden sich endlich doch ergeben müssen ...«

Damit hatte Spee den Nagel empfindlich auf den Kopf getroffen. Keine der Angeklagten war jemals in der Lage gewesen, sich zu verteidigen. Letztlich hatte immer die Folter gesiegt; entweder hatte sie ein Geständnis provoziert oder, falls die Frau sich trotz der ihr zugefügten Schmerzen nicht zur unheilbringenden Zauberkunst bekannte, dadurch erst recht den Beweis für ihre dämonischen Kräfte geliefert. Spee stellte daher in seinem Buch fest, nie eine als Hexe verurteilte Frau kennengelernt zu haben, von der er »unter Berücksichtigung aller Gesichtspunkte aus Überzeugung hätte sagen können, sie sei wirklich schuldig gewesen«. Fazit: »Die Mehrzahl aller unwissenden, sorglosen Richter, auch viele habsüchtige und niederträchtige, schreiten auf haltlose Indizien hin zur Festnahme und Folterung. Die Gewalt der Folterqualen schafft Hexen, die es gar nicht sind, weil sie es gleichwohl sein müssen.«

Die Herren Hochwürden und Hochwohlgeboren, die führenden Rechtssprecher und Regenten – sie waren außer sich. Wie kam dieser Mensch dazu, derlei infame Verleumdungen in die Welt zu setzen. Wer war er denn überhaupt?

Die Frage läßt sich heute leicht beantworten – nicht zuletzt dank der engagierten Arbeit des Düsseldorfer Spee-Biographen Karl-Jürgen Miesen: Friedrich Spee von Langenfeld wurde am 25. Februar 1591 im Schloß von Kaiserswerth geboren, wo sein Vater das Amt des Burgvogts innehatte. Wie so viele später berühmte Männer wich auch er von dem für ihn vorgezeichneten Lebensweg ab. Statt das Studium der Rechte zu Ende zu führen, um eines Tages das berufliche Erbe des Vaters anzutreten, wollte er seinen Jugendtraum verwirklichen und Missionar werden. Friedrich Spee bewarb sich um die Aufnahme in den Jesuitenorden, absolvierte in Trier und Fulda sein Noviziat und studierte in Würzburg Philosophie. Er lehrte in Speyer und Worms, nahm dann das Theologie-Studium auf. Die Wirren jener Jahre begleiteten die Entwicklung dieses Menschen, den Miesen als wach und kampfbereit, als geistlichen »Haudegen« bezeichnet. Die fortwährenden kriegerischen Auseinandersetzungen der Zeit, die Pest, Hexenverbrennungen – Alltag auf allen Stationen im Leben des Friedrich Spee.

Heute steht fest, daß der Düsseldorfer Geistliche als »Hexen-Anwalt« tatsächlich ein Umdenken bewirkt hat. Seine als »pestverseuchtes Buch« gebrandmarkte »Cautio criminalis« und andere Arbeiten ließen die Menschen aufhorchen; der »fromme Draufgänger vom Rhein« (Miesen) gilt als maßgeblicher Vordenker einer Bewegung, die den Hexenwahn erfolgreich vertrieb. Spee hatte Glück, nicht selbst auf dem Scheiterhaufen geendet zu sein, nachdem mit Erscheinen des ungehorsamen Werkes bereits sein Ausschluß aus dem Orden diskutiert worden war. Als Ketzer mußte er seine Professur abgeben, durfte der Kirche allenfalls noch als Beichtvater dienen. Von Kritikern und Krieg im Wechsel verfolgt, verschlug es den Jesuitenpater schließlich nach Trier. Hier soll er sich bei der Pflege verwundeter Soldaten an einer Wunde infiziert haben. Im Alter von 45 Jahren starb er am 7. August 1635 an einem pestartigen Fieber. Fast vier Jahrhunderte später bezeichnete der Historiker Golo Mann Spees Kampf für die Gerechtigkeit als »die tapferste Tat des Dreißigjährigen Krieges«.

Und dennoch stimmt das Bild nicht ganz, stellt man sich Spee als eine Art besessenen Revolutionär vor. Schriften aus seiner Feder, so die »Trutz-Nachtigall« und sein »Güldenes Tugend-Buch«, zeigen noch einen ganz anderen Friedrich Spee: den empfindsamen Poeten, dessen Verse häufig als herausragende Werke der Barock-Dichtung genannt werden. Und es gibt eigentlich sogar noch einen dritten Spee, der in der Kirche von heute noch immer allgegenwärtig ist: Wenn Christen beider Konfessionen in ihren Gottesdiensten Gesänge wie »O Heiland, reiß die Himmel auf« oder »Zu Bethlehem geboren« anstimmen, sind dies nur zwei der über hundert Kirchenlieder, die der rheinische Priester in seiner Amtszeit verfaßt und der Nachwelt hinterlassen hat.

Joseph Beuys

»Ich bin kein Mensch – ich bin ein Hase!«

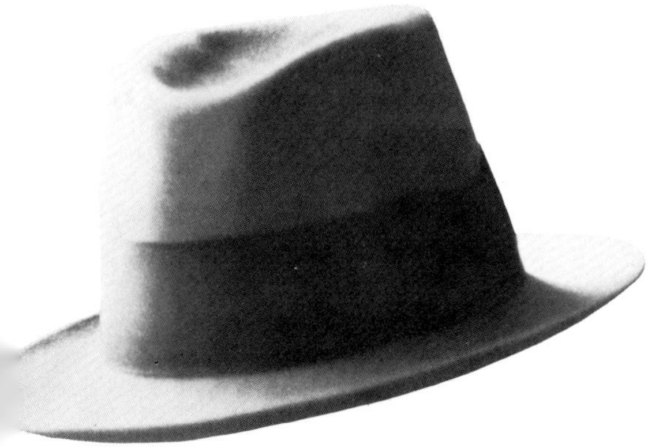

Scharlatan oder Schamane? Eine Frage, die noch oft genug gestellt wird, wenn der Name Joseph Beuys fällt. Gefeiert und gefeuert, hinterließ der umstrittene Erfinder des »erweiterten Kunstbegriffs« eine ideologische Gesamt-Nuß, an der die Welt bis heute zu knacken hat. Der Mann mit dem Hut aber hat es tatsächlich geschafft, den internationalen Kunstbetrieb gehörig ins Schaukeln zu bringen. Nicht zuletzt durch wundersame Elemente wie Fett und Filz – und durch ein kleines Tier mit ziemlich langen Ohren.

Die Stiefel, die Jeans. Und diese grüne Leinenweste mit dem unvermeidlichen Stück aufgenähten Hasenfells. Das war »Beuys, Joseph, Prof., Bildhauer«. Was der Eintrag im Düsseldorfer Telefonbuch unterschlug: Revolutionär, Happening-Star und großer Guru der deutschen Kreativ-Szene. Für viele war er einfach »der mit dem Fett«, jedenfalls der erste, der propagiert hatte: Kunst ist Leben, Leben ist Kunst.

Der vielgefeierte und dabei immer wieder heftigst umstrittene Lebens-Künstler stammte vom Niederrhein. Am 12. Mai 1921 in Krefeld geboren, verlebte er seine Kindheit in der vorwiegend grünen Umgebung von Kleve. Ein Junge wie alle anderen, lebhaft und übermütig: einer, der die Treppe im Gymnasium gerne mit dem Fahrrad hinunterraste, kurz vor dem Abitur einmal sitzenblieb, der heimlich von Zuhause abhaute, um Tierpfleger beim Wanderzirkus zu werden. Aber schon diese Jugend war geprägt von faszinierenden Begegnungen mit der Natur, die ihn zu stundenlangen Beobachtungen und der Einrichtung eines eigenen kleinen Laboratoriums hinriß. Das Interesse für die komplizierten Zusammenhänge mündete in ernste Studien. Als Teenager befaßte Beuys sich aus eigenem Antrieb mit wissenschaftlichen und medizinischen Fachwälzern und stieß ein Jahr vor dem Abitur auf die Worte des Anthroposophen Rudolf Steiner, der alle Kulturvölker zur Gründung eines neuen sozialen Organismus aufrief.

Der Gedanke an eine Erneuerung scheint tatsächlich notwendig, wie Joseph Beuys schon wenig später anschaulich erfährt. Nach dem Abitur als Funker, dann zum Sturzkampfflieger ausgebildet, sieht er Szenen eines Krieges, den er nur der »Ohnmacht des Geisteslebens« zuschreiben kann. Bei einem Einsatz auf der Krim wird seine Maschine 1943 abgeschossen. Schwerverletzt überlebt er, weil Tataren ihn im Schnee finden und pflegen. Seine Wunden salben sie mit Fett ein und wickeln den leblosen Körper in nicht minder wärmenden Filz. »Sie wollten mich in ihre Familie aufnehmen«, berichtet er, als ein deutsches Suchkommando den Vermißten aufspürt und in ein Feldlazarett bringt.

Nach dem Krieg beginnt Deutschland von vorne, und Beuys – entlassen aus der Gefangenschaft – stillt seinen Wissensdurst weiter. Er zeichnet, malt und forscht und assistiert seinem ehemaligen Militär-Kollegen, dem Tierfilmer Heinz Sielmann, bei einigen Projekten, die ihn zufällig auch die Bekanntschaft des Verhaltensforschers Konrad Lorenz machen lassen. Gleichzeitig nimmt er an der Staatlichen Kunstakademie in Düsseldorf zunächst unter Josef Enseling, dann bei dem vormals von den Nazis als »entartet« gebrandmarkten Ewald Mataré ein Studium der Bildhauerei auf. Was Schüler und Lehrer in besonderer Weise miteinander verbindet, ist außer der Arbeit mit der menschlichen Figur und religiösen Themen die starke Konzentration auf das Tier. In der Ob-

Der Mann mit dem Hut. Ebenso unverwechselbar: Die Weste mit dem Stück Hasenfell

Zuhause bei Professor Joseph Beuys: Der Künstler sichtet in seinem Atelier in Düsseldorf-Oberkassel die tägliche Post

hut der Tataren hat Beuys vieles über den Rang bestimmter Tiere in Weltbild und Glaube anderer Kulturen erfahren, das er nun in seinen Arbeiten umsetzt. Hirsch, Elch und Schaf finden vermehrt Anwendung, sie beleben eine Kindheitsphantasie, die für ihn die Rolle des Hirten vorsieht.

Und dann: der Hase, geduldiges Motiv zahlloser Bilder und Aktionen. Für Beuys ist der Hase das Tier schlechthin, ultimatives Symbol der Schöpfung. Der scheue Steppenbewohner wird zum Kultkern eines beständigen Rituals und begleitet den Düsseldorfer eines Tages gar als Kühlerfigur seines alten Bentley. Beobachtern zufolge hat er gescherzt, als er einmal behauptete: »Ich bin kein Mensch, ich bin ein Hase.«

Meister Mataré kann sich des öfteren eines Kopfschüttelns nicht erwehren. Vor allem als Beuys beginnt, seinen seltsamen Langohr-Kult um Elemente wie Fett und Filz zu ergänzen. Unverständnis und Empörung schlagen ihm aus der breiteren Öffentlichkeit entgegen; die Beuys'sche Inszenierung persönlicher Schlüsselerlebnisse gerät immer wieder zur Provokation. Daß er gegen manchen Widerstand Jahre später in Düsseldorf einen Lehrstuhl für Monumental-Bildhauerei erhält, trifft ebenfalls nicht jedermanns Geschmack.

Als Akademie-Professor geht er konsequent seinen eingeschlagenen Weg und prägt schließlich den »erweiterten Kunstbegriff«, nach dem im Grunde jeder Mensch ein Künstler ist. Die internationale Fachwelt wird allmählich unruhig, aber es kommt noch dicker. Beuys ignoriert jegliche Numerus Clausus-Vorschrift und nimmt alle Studienbewerber in seine Klasse auf, die ihm interessiert genug erscheinen. Ohne jedes Auswahlverfahren. Die in Nordrhein-Westfalen für Bildung zuständige Obrigkeit reagiert gereizt, wenn auch verhalten; der Querdenker findet vor allem in den Medien Gehör, wann immer er seine Stimme erhebt.

Alles Menschliche, alles Wissenschaftliche stammt aus der Kunst. Sagt Beuys. Und er denkt weiter: »Die Aufgabe der Kunst ist wirklich kreativ. Sie holt aus einem übersinnlichen Bereich etwas herunter, was die Verhältnisse ändert.« Bereits die Titel seiner Aktionen zwingen das Publikum, sich entweder eingehend oder erst gar nicht mit ihnen zu beschäftigen. »Wie man dem toten Hasen die Bilder erklärt«, betitelt er eine Aufführung. »Der größte Komponist der Gegenwart ist das Conterganking«, heißt eine andere. Längst nicht mehr ohne Anhänger, beinahe Jünger, wird seine rasche Folge zunächst scheinbar irrationaler Happenings von einigem Rummel begleitet.

Beuys redet mit, wobei die Öffentlichkeit gelegentlich rätselt, ob sie seinen Gedanken einfach nicht folgen kann oder schlicht auf den Arm genommen wird. So empfiehlt er die Erhöhung der Berliner Mauer um fünf Zentimeter – der besseren Proportionen wegen. Auch das noch: Beuys übernimmt eines Tages die Schuld für den Schneefall im Februar. Verwirrend, aber vielleicht Grund genug, sich weiter mit (seiner) Kunst auseinanderzusetzen. Eine gute Gelegenheit dazu wird die »documenta« in Kassel, wo er sich ein Büro mit permanentem Diskussionsforum einrichtet. Drei Monate lang sitzt er dort, täglich mit einer frischen Rose vor sich auf dem Tisch. Beuys: »Ohne die Rose können wir gar nichts machen.«

Anglerweste und Filzhut sind innerhalb kurzer Zeit unverwechselbare Markenzeichen geworden. So gewandet, übernimmt Beuys 1972 auch einen Lehrstuhl für Kunstgeschichte in Bonn. Der in Düsseldorf weiter schwelende Streit um die revolutionären Ansichten des Professors eskaliert in einem Happening ganz eigener Art. Joseph Beuys besetzt mit einer Gruppe abgewiesener Studenten das Sekretariat der Akademie und wird prompt gefeuert. Den Politikern treibt's der Meister jetzt entschieden zu bunt, hat er inzwischen doch angefangen, selbst Politik zu betreiben. Die Gründung einer »Organisation der Nichtwähler« geht bereits auf sein Konto, mit dem Künstler Klaus Staeck und dem Autor Heinrich Böll hat er außerdem die »Freie Internationale Hochschule für Kreativität und interdisziplinäre Forschung« aus dem Hut gezaubert. Diese Frechheit schreit nach Konsequenzen. Aber Beuys ist sicher: »Die kriegen mich hier nicht weg, und wenn ich unter der Oberkasseler Brükke schlafe!«

Der Ideologe setzt sich zur Wehr. Vortragsserien dies- und jenseits des großen Teiches unterstreichen neben dem weiteren künstlerischen Schaffen seine Vorstellungen von der Wirklichkeit als Kunst. Hier öffentlich mit Rudi Dutschke diskutierend, dort mit Andy Warhol, festigt Beuys seinen Rang als Anstifter eines Umdenkens, der endlich verstanden werden will. Die rätselhafte Faszination seiner Zeichen und Rituale hat man in den Vereinigten Staaten beispielsweise mit der schauspielerischen Aktion »I like America and America likes Me« zu spüren bekommen: Beuys läßt sich am New Yorker Kennedy Airport auf einer Bahre in Filz einwickeln und per Krankenwagen zu einem präparierten Raum bringen, wo er drei Tage und Nächte ständiger Lebensgefährte eines Kojoten wird. Danach rollt er sich wieder in Filz ein und kehrt auf gleichem Weg zurück, ohne von der Stadt mehr als den Vierbeiner gesehen zu haben.

Nachdem der Prozeß um seinen Rausschmiß aus der Akademie mit der höchstrichterlichen Aufhebung des Hausverbots endet, wendet er sich nunmehr der Anwendung aller Theorie zu. Spektakulär entwickelt sich eine Aktion zur Eröffnung der »documenta 7«, die sich gegen sämtliche Natur und Leben zerstörenden Kräfte richtet und mit der geplanten Pflanzung von 7000 Eichen ein mahnendes Zeichen setzen will.

Anfang der 80er Jahre, inzwischen als Professor an die Akademie für Angewandte Kunst in Wien berufen, ist Beuys auch in der politischen Landschaft eine feste Größe geworden. Der penetrante Propagandist eines neuen Kunstverständnisses schließt sich den Grünen an und will sogar für den Bundestag kandidieren. Und während sich der Avantgardist mit zahlreichen Sympathisanten für die Freilassung des in der Schweiz hinter Schloß und Riegel gebrachten Künstler-Kollegen Harald Nägeli (»Der Sprayer«) einsetzt, nimmt das »documenta«-Projekt deutliche Formen an: 3500 Eichen sind in Kassel mittlerweile gepflanzt.

Der Mann, den selbst Ehefrau Eva und die Kinder Jessyka und Wenzel zuhause nur »Beuys« rufen, ist zweifellos eine der wichtigsten Gestalten in der Kunstgeschichte der Gegenwart. Immer wieder macht er von sich reden, nicht zuletzt wegen seines nimmermüden Engagements in Sachen Umweltschutz. In allen großen Museen der Welt sind Zeichnungen, Plastiken und Installationen des Joseph Beuys zu sehen, als er am 23. Januar 1986 nach einem Herzinfarkt stirbt. Und überall spüren die Besucher, daß sie sich Zeit nehmen müssen, die Hinweise des Künstlers zu deuten.

Zeit hat nicht jeder. Sehr in Eile zumindest war die Putzfrau der Düsseldorfer Akademie, die in Beuys' »Fettecke« auf den ersten, zweiten und selbst dritten Blick keinerlei Ähnlichkeit mit einem Kunstwerk ausmachen konnte. Pflichtbewußt griff sie zum Handfeger – und das hochdotierte Stück war im Eimer.

Fritz Henkel

Der Weißmacher

Kein Zweifel, der Mann hatte genau den richtigen Riecher – und er ahnte, was (Haus-)Frauen wünschen. War die große Wäsche im letzten Jahrhundert noch ein triftiger Grund, rot zu sehen, gelang es Fritz Henkel, den Damen endlich einmal etwas weiß zu machen. Der Vater des »Persil« ließ sein Spitzenprodukt von Düsseldorf aus einen Siegeszug durch ganz Europa antreten. Aus seiner kleinen Bleichsoda-Fabrik wurde ein Waschmittel-Imperium, aus seinem Haushaltshelfer im 200-Gramm-Paket ein starkes Stück deutschen Alltags.

Die Hausfrau hatte sich damit abgefunden: Die große Wäsche war und blieb Knochenarbeit, da half nichts. Mühevoll in Seifenwasser geschrubbt, mußten Kleider, Bettwäsche und Tischdecken anschließend zum Bleichen auf der Wiese ausgebreitet werden. In der Tat ein mühsamer Vorgang, der die Damen im 19. Jahrhundert insgeheim immer wieder seufzen ließ. Ausdauer und Muskelkraft waren gefragt.

Fritz Henkel muß sich schon als Knirps Gedanken über diese Strapaze gemacht haben. Bei seiner Geburt am 20. März 1848 selbst in stundenlang gewaschene Windeln gewickelt, keimte in dem Heranwachsenden eine Idee, die eines Tages vieles leichter machen und unter dem Namen »Persil« einen Siegeszug durch den gesamten Kontinent antreten sollte. Mehr noch: Das einstige Hirngespinst wurde zu einer Produktmarke, die angesichts ihres atemberaubenden Erfolgs ein kleines, aber ungemein hilfreiches Stück Alltag wurde.

Persil – ein Name, den schon kurz nach der Schöpfung des Waschmittels bald jedes Kind auf der Straße kannte. Kein Zweifel, der Mann hatte von Anfang an den richtigen Riecher. Das Zauberwort hieß Wasserglas – eine Flüssigkeit, die schon der alchimistisch bewanderte Goethe als sogenannten »Kieselsaft« kannte. Dies als Ausgangspunkt einer neuartigen Produktionsweise, gründete Fritz Henkel 1878 mit zwei Kompagnons in Aachen seine erste Waschmittelfabrik. Mit mäßigem Erfolg, was einen der Teilhaber umgehend wieder aus dem Geschäft aussteigen ließ. Kaufmann Henkel aber, der sich mit seinen 30 Jahren ohnehin mehr zur Fabrikation als zum Handel berufen fühlte, experimentierte munter weiter. Und er mixte schließlich ein Pülverchen, das nicht nur das Bleichen im Freien ersparte, sondern ganz nebenbei auch deutlich weißer wusch. »Henkels Bleich-Soda« wurde ein Renner, zumal es beim Preis von zehn Pfennigen pro 200-Gramm-Paket auch das Produkt des bis dahin führenden englischen Herstellers vom Haushalts-Thron stieß.

Die deutschen Damen ließen sich nicht lange bitten. Das handliche Produkt, das den endgültigen Abschied der Seife einläuten sollte, ging weg wie warme Semmeln. »Bleichsoda flott, sehr flott, colossale Nachfrage«, notierte Henkel damals zufrieden in einem Brief. Bevor die Fabrik wegen der unerwarteten Auftragsflut aus allen Nähte zu platzen drohte, faßten die beiden Unternehmer den Entschluß zur Verlegung ihres Werks nach Düsseldorf – schon der besseren Verkehrsverbindungen wegen. Auch privat wurden Koffer gepackt: Fritz und Elisabeth Henkel zogen mit ihren Kindern Emmy, Fritz und Hugo an den Rhein. Nach anfänglichen Problemen mit dem neuen Standort, die nun auch Geschäftspartner Nummer zwei das Weite suchen ließen, kam die Soda-Herstellung um die Jahrhundertwende so richtig in Fahrt. Als alleiniger Herr über ein Spitzenprodukt tastete Henkel sich nach und nach auch auf ausländische Märkte vor.

Es geschah im Sommer 1907: Per Zeitungsinseraten rührte Fritz Henkel vorab die Werbetrommel für die Krönung seines Schaffens. Mit Persil, so ließ der inzwischen bekannte Unternehmer verkünden, sei in »allernächster Zeit« zu rechnen. Das Waschmittel biete Sensationelles: »Einmaliges Kochen ohne Mühe, ohne Reiben«, zudem »absolute Unschädlichkeit bei beliebiger Anwendung«.

Henkel wußte, was Frauen wünschen. Offenbar hatte die Wasch-Nation auf die Mixtur aus Natronsalz, Bleichsoda, Cottonöl und Fett nur gewartet. Zwei weitere wichtige Grundelemente, Perborat und Silicat, waren mit ihren Anfangsbuchstaben bei der Namensgebung des Kassenschlagers als Pate herangezogen worden. Die Patentierung der grün-weißen Packung konnte allerdings erst zehn Jahre später vollzogen werden: Gab es zunächst Streit um ein weitgehend ähnliches Rezept eines Konkurrenten, befand das Kaiserliche Patentamt den Namen später für nicht patentfähig, da er – schon damals wieherte der Amtsschimmel – womöglich für die französische Übersetzung des Wortes »Petersilie« gehalten werden könnte.

Und bis das Geschäft richtig blühte, waren auch die Kundinnen erst noch ein wenig mißtrauisch. Sie von dem neuen Produkt zu überzeugen war eine Aufgabe, deren Fäden Henkel gerne selbst in der Hand behielt. Was man heute gemeinhin den Top-Kreativen der Werbebranche anvertraut, wurde seinerzeit bei Henkel & Co. quasi zur Chefsache erklärt. Zu einer Zeit, da Public Relations noch Reklame hieß, brütete Fritz an der Seite seiner Strategen über Kampagnen, die in die Werbegeschichte eingingen. Werbung mußte in erster Linie ungewöhnlich sein. Henkel sandte weiß gekleidete Männer in die großen Städte aus. Sie trugen übergroße weiße Sonnenschirme mit dem Aufdruck »Persil« und waren dabei nur das I-Tüpfelchen seines unkonventionellen Marketing-Konzepts.

Wie sehr sich die Menschen an den Weißmacher gewöhnt hatten, zeigte sich zwei Jahre nach Ausbruch des Ersten Weltkriegs, als die Rationierung von Öl und Fett die Produktion zum Erliegen brachte. »Zucker und Persil ausverkauft« waren Schilder, wie man sie nun in vielen Schaufenstern hängen sah.

Schon kurz nachdem die meisten seiner Mitarbeiter zur Armee eingezogen wurden, richtete Henkel im Düsseldorfer Werk ein Lazarett ein, in dem zeitweilig bis zu hundert Verwundete betreut wurden. All seinen Arbeitern in Uniform ließ der treue Bismarck-Anhänger wöchentlich ein »Liebesgabenpäckchen« an die Front schicken. Überhaupt zeigte sich der alte Herr, inzwischen zum Königlichen Kommerzienrat berufen, selten kleinlich. Vielerlei Sozialleistungen waren schon damals im Unternehmen selbstverständlich, das 13. Monatsgehalt drückte Henkel seinen Angestellten zu Weihnachten bisweilen persönlich in die Hand.

Kein Wunder, daß der Chef überaus beliebt war. Seine unkomplizierte Art sprach sich herum: Ein Handlungsreisender in Sachen Persil wollte das Handtuch schmeißen, als seine Spesen die Einnahmen permanent überstiegen. In einem Brief nach Düsseldorf bat er höflichst

um seine Entlassung. Vergebens. Statt den Mann zu feuern, schickte der Alte umgehend eine Depesche. »Morgen spazieren gehen, gut dinieren mit Flasche Sekt und übermorgen wieder 'ran« – Lebenshilfe à la Fritz Henkel.

Inmitten der Belegschaft hob Henkel auch sein Glas, um auf die ersten 50 Jahre des Familienunternehmens zu prosten. Selten hatte Düsseldorf einen Wirtschaftsboß erlebt, der so lange seinem Unternehmen vorstand. Noch bis ins hohe Alter nahm er täglich Platz in seinem Sessel in der Chefetage, die inzwischen auch für die Söhne zum Arbeitsplatz geworden war. Um so schwerer traf ihn der plötzliche Tod von Fritz Henkel junior. 55 Jahre alt, war er die rechte Hand des Vaters gewesen. Nun war es an Hugo, eines Tages das Management des alten Fritz fortzuführen.

Die »Weiße Dame«, bis in die 60er Jahre hinein werbendes Aushängeschild der stetigen Henkel-Zugmarke Persil, war gerade aus der Taufe gehoben worden, und der Erfolg des Produktes ließ nicht nach. Der im Fernsehen dozierende Persil-Professor und ein kompletter Persil-Spielfilm in den Kinos sollten weitere Kampagnen werden, mit denen später auch der nichtwaschende Teil der Bevölkerung an den Gründer und sein Lebenswerk erinnert wurden. Fritz Henkel hat sie nicht mehr erlebt. Er starb wenige Monate nach dem Tod seines jüngsten Sohnes am 1. März 1930.

Friedrich Heinrich Jacobi

Fritz, der Brief-Freund

In der wohligen Atmosphäre des Düsseldorfer Landhauses ließ es sich vortrefflich streiten. Wenn Friedrich Heinrich Jacobi und seine Familie in den Salon baten, gerieten sich Dichter und Denker mit schöner Regelmäßigkeit und nur allzu gerne in die Haare. Man mußte die Ansichten des Gastgebers nicht teilen, um ihn zu mögen. Seine Fehde gegen die »Kathederphilosophie« stempelte ihn ohnehin zum Exoten.

Gastgeber der Dichter und Denker: Friedrich Heinrich Jacobi

Es ist beileibe keine Aufschneiderei, wenn sich Düsseldorf gelegentlich in einem Atemzug mit dem Namen Johann Wolfgang von Goethe nennen läßt. Nicht, daß man am Rhein Anspruch auf den Rang einer Wirkungsstätte des großen deutschen Dichters erhebt, aber es hat schon seinen guten Grund, daß ausgerechnet in der nordrhein-westfälischen Landeshauptstadt heute die – nach Weimar und Frankfurt – drittgrößte Goethesammlung der Welt mit über 25 000 Dokumenten und Objekten zu finden ist. Goethe schätzte Düsseldorf, und besonders gerne kehrte er in einem Haus ein, das etwas abseits der damaligen Stadtgrenzen lag, in Pempelfort. Ein Ort, so hielt der Meister fest, »wo ein geräumiges Wohngebäude, an weite wohlunterhaltene Gärten stoßend, einen sinnigen und sittigen Kreis versammelte«.

Beschrieben ist das schmucke Anwesen der Gebrüder Johann Georg und Friedrich Heinrich Jacobi unweit von Schloß Jägerhof. Goethe hatte das gemütliche Landhaus vom ersten Moment an ins Herz geschlossen, mehr noch faszinierte ihn aber, welch interessante Zeitgenossen hier anzutreffen waren. In der Tat, bei den Jacobis gab sich die Creme der Gebildeten gerne und immer wieder die Klinke in die Hand; die Gästeliste wirkt wie ein Auszug aus dem »Who is who« der Dichter und Denker. Martin Wieland, Johann Jakob Wilhelm Heinse, Alexander und Wilhelm von Humboldt, Johann Gottfried von Herder und Denis Diderot fanden regelmäßig den Weg zum intellektuellen Austausch nach Düsseldorf. Der Treff der Geistesgrößen wurde eine feste Institution, und Goethe brachte seine Pempelforter Erlebnisse in »Dichtung und Wahrheit« dergestalt auf den Punkt: »Die Familienmitglieder waren zahlreich, und an Fremden fehlte es nie, die sich in diesen reichlichen und angenehmen Verhältnissen gar wohl gefielen.« Ganz im Sinne der beiden Gastgeber.

In Johann Georg Jacobi fanden die Mitglieder des Zirkels einen glänzenden Gesprächspartner in Sachen Literatur. Selbst Schriftsteller mit beachtlichem Erfolg, hatte er in kurzer Zeit eine Reihe Kollegen der schreibenden Zunft um sich scharen können. Zu eigentlich noch größerer Prominenz aber war sein Bruder gelangt. Den Philosophen schätzten die Besucher als einen Garant für häufig heftige, stets jedoch äußerst fruchtbare Diskussionen. Ganz besonders Herr von Goethe liebte die temperamentvolle Auseinandersetzung mit dem Düsseldorfer, mit »Fritz«.

Friedrich Heinrich Jacobi kam am 25. Januar 1743 in einem streng protestantischen Elternhaus in Düsseldorf zur Welt und soll ein zumeist ruhiger, in sich gekehrter Junge gewesen sein. »Ich ging noch im polnischen Rocke, da ich schon anfing, mich über Dinge in einer anderen Welt zu ängstigen«, erinnerte er sich später an die Kindheit. »Die Sehnsucht, über die besseren Erwartungen des Menschen zu Gewißheit zu gelangen, nahm mit den Jahren zu, und sie ist der Hauptfaden geworden, an den sich meine übrigen Schicksale knüpfen mußten.«

Dieses Wesen machte es dem zweimal verwitweten Vater Konrad Jacobi um so schwerer, für seinen Jüngsten eine Ausbildung zu bestimmen. Hatte er den drei Jahre älteren Johann Georg auf den juristisch-wissenschaftlichen Bildungsweg geschickt, ließ er Friedrich Heinrich in seine eigenen Fußstapfen treten. Der für ein Studium offensichtlich ungeeignete Jugendliche, der selbst bislang keinerlei berufliche Interessen gezeigt hatte und gelegentlich dabei beobachtet wurde, wie er mit der Dienstmagd seines Vaters »religiöse Schriften« las, sollte also Kaufmann werden. Friedrich Heinrich kam als Lehrling in ein Frankfurter Handelshaus, setzte die Ausbildung wenig später dann in Genf fort.

Die drei Genfer Jahre wurden die nach eigenem Bekunden glücklichsten seines Lebens. Neben seinen Pflichten als angehender Ökonom blieb ausreichend Gelegenheit zur Beschäftigung mit philosophischen Belangen, und Jacobi fand hier ein geistiges Umfeld, das ihn magisch anzog. Im Freundeskreis von Jean-Jacques Rousseau fand er intensiven Zugang zur französischen Literatur und lernte sogar den Dichter Voltaire kennen. In solcher Atmosphäre gelang es dem jungen Mann dann auch überraschend, sich gegen sein von Kindheit an kränkelndes Wesen zur Wehr zu setzen: Jacobi fand Gefallen an sportlichen Unternehmungen wie Reiten und Schwimmen und soll sich zum Ende seiner Lehrzeit durch eine »ungemeine Schönheit seiner Gestalt« ausgezeichnet haben.

Nach Düsseldorf zurückgekehrt, begann der frischgebackene Kaufmann mit dem Aufbau einer großen privaten Bibliothek, deren Schwerpunkt vor allem philosophische Sammlungen bildeten. Ohne das Interesse an den Schriften und der Auseiandersetzung mit ihnen aus den Augen zu verlieren, wurde Jacobi mit den Jahren ein vielbeschäftigter Geschäftsmann. Er übernahm das Handelshaus seines Vaters und heiratete die Aachener Unterneh-

Offene Tür für Goethe: Das Haus der Jacobis steht noch heute und dient dem Künstlerverein Malkasten als festes Domizil

merstochter Betty von Clermont, avancierte gleichzeitig aber mit seinem Bruder zum Gastgeber jener berühmten Runden im Pempelforter Landhaus. Als Mitglied der Hofkammer des Herzogtums Berg und schließlich Geheimer Rat war er geachteter Wirtschaftspolitiker, dessen schriftstellerisches Debüt sich als gleichermaßen erfolgreich erwies. Seine Romane »Aus Eduard Allwills Papieren« und »Woldemar« – von den einen begeistert aufgenommen, von anderen heftig kritisiert – fanden in jedem Fall rasch ihre Leserschaft.

Wie in vielen seiner weiteren Schriften stritt Jacobi hier bereits vehement gegen die populäre Gegenwartsphilosophie, die »Kothphilosophie«, wie er sie nannte. Er stellte die unmittelbare Empfindung des Menschen deutlich über die reine Vernunft und gab der natürlichen Sittlichkeit den Vorzug gegenüber der öffentlichen Moralität, vor deren Gefahr einer Selbsttäuschung er ausdrücklich warnte. Damit richteten sich seine philosophischen Arbeiten gegen alle aufklärerischen Bestrebungen, beschritten vielmehr den Weg hin zur Romantik. Als einer, der von den Lehren Kants und Spinozas einerseits fasziniert, andererseits von ihrem Irrtum fest überzeugt war, wurde Jacobi der »Philosoph des Gefühls und Glaubens« und erklärte seine eigene Entwicklung so: »Nie war es mein Zweck, ein System für die Schule aufzustellen; meine Schriften gingen hervor aus meinem innersten Leben, sie erhielten eine geschichtliche Folge, ich machte sie gewissermaßen nicht selbst, nicht beliebig, sondern fortgezogen von einer höheren, mir unwiderstehlichen Gewalt.«

Ansichten, die viele honorige Kollegen nur schwer zu teilen vermochten. Schopenhauer beispielsweise attestierte ihm bei allem Respekt vor seinen »wahrhaft rührenden Büchern« die – Zitat: – »kleine Schwachheit, alles was er vor seinem fünfzehnten Lebensjahr gelernt und approbirt hat, für angeborene Grundgedanken des menschlichen Geistes zu halten«. Und Friedrich Schlegel urteilte über »Woldemar«: »Das theologische Kunstwerk endigt mit einem Salto mortale in den Abgrund der göttlichen Barmherzigkeit.« Jacobi, der auch den Begriff des Nihilismus in die philosophische Fachsprache einführte, nahm's gelassen. Er selbst bezeichnete sich als »einen Heiden mit dem Verstande, einen Christen mit dem Gemüt«.

Daß Friedrich Heinrich Jacobi als entschiedener Gegner der sogenannten »Kathederphilosophie« eine Reihe geistiger Auseinandersetzungen seines Zeitalters beeinflußt hat, ist ein Umstand, der erst im 20. Jahrhundert recht erkannt wurde. Ein anderer Aspekt seiner Arbeit hat ihn vorher bereits in die Geschichte der Denker eingehen lassen: Wie kein zweiter Philosoph und Autor pflegte Jacobi sich mit seinen Gedanken in Briefen auszudrücken. Ob tatsächlich abgeschickt oder fingiert, als Ersatz für die Abhandlung oder Grundlage eines Romans: Der Düsseldorfer, der am 10. März 1819 in München starb, gilt heute als einer der Erfinder des Briefes als literarisches Stilmittel.

Johann Muckel und Peter Muckel

Der Frevler und der Lebenskünstler

So soll er ausgesehen haben: Wilddieb Johann Muckel auf der Pirsch

Natürlich, der Muggel! Das war doch der . . .« – Schon falsch, denn eigentlich waren es zwei. Und was Johann und Peter Muckel gemeinsam haben, ist doch ein wenig mehr als nur der Verdacht auf Verwandtschaft. Der eine ein Wilddieb, der andere ein Obdachloser, waren sie beide – na, sagen wir – Menschen am Rande der Gesellschaft. Sympathische Typen, Originale. Muggel I. wußte die Wächter des Waldes mit Witz zum Wahnsinn zu treiben, Muggel II. wurde überraschend ein begeisterter Diener der Kunst.

Ohne gültigen Jagdschein müßte der passionierte Waidmann seine Flinte eigentlich ins Korn werfen. Es sei denn, er jagt heimlich. Aber damit wird er vor dem Gesetz zum Wilderer. Wie der »Muggel«, seines Zeichens Wilddieb erster Klasse. Der stadtbekannte Schrecken aller Forsthüter hat bis heute den Ruf einer Art Sagengestalt behalten. Aber es gab ihn tatsächlich, und er trieb sein Unwesen ungefähr um die Mitte des 19. Jahrhunderts.

Der Mann hieß eigentlich Johann Muckel. So einprägsam der Spitzname, so schleierhaft seine Vorgeschichte. Belegen läßt sich, daß der »Muggel« in einer Gegend Düsseldorfs zuhause war, die seinerzeit im Volksmund »der Geisterberg« hieß. Hier nannte er eine primitive Holzhütte sein eigen, außerdem eine stattliche Zahl Kinder, deren Mutter vermutlich früh verstorben war.

Ihre Verwahrlosung konnte er zwar nicht aufhalten, die hungrigen Mäuler zu stopfen aber war ihm ein Anliegen, das ihn fast täglich in den Wald trieb, um Hasen, Rehen oder auch weit kapitaleren Vierbeinern nachzustellen. Der Muggel galt dabei als Meisterschütze, was besonders angesichts seines aus drei alten Gewehren selbstgebastelten Schießeisens recht erstaunlich war. Bevorzugt im wildreichen Wald des Grafen Spee streckte er Tiere nieder, die eingedenk seiner anständigen Preise bei den schon damals zahlreichen Altstadtwirten hoch im Kurs standen. Der kleine Kerl mit den krummen Beinen hatte es faustdick hinter den Ohren: Als Hoflieferant einer Vielzahl von Gastronomen war er mit seiner Ware nach Einbruch der Dunkelheit an der Hintertür ebenso geschätzt wie als glänzender Unterhalter an Tresen und Kneipentisch. Sogar in gediegeneren Runden, so am Stammtisch der Akademieschüler, hatte der Muggel seinen festen Platz. Nach zwei, spätestens drei Gläschen begann sein roter Vollbart verheißungsvoll zu wippen, und man erfuhr Geschichten, die den Herren Ordnungshütern bereits seit Tagen den Schlaf raubten.

Einer gegen alle. Düsseldorfs prominentester Wilddieb war schnell, schneller als die Polizei erlaubte oder gar ertragen konnte. Daß seine Arbeit dennoch von vielen lästigen Verhaftungen unterbrochen wurde, darf man unter der Rubrik Künstlerpech verbuchen. Seinen 80. Abstecher ins Gefängnis feierte man bis zum Umfallen. »Ich hab' heute Jubiläum«, schmunzelte der wackere Waidmann nach sei-

Der grimmige Blick täuscht. Johann Muckel galt als friedlich – solange man ihn ungestört wildern ließ

ner Entlassung und ließ in seinen Kneipen ordentlich einen springen. Als derart ausgemachter Witzbold schlug er auch seinen Widersachern draußen unverschämt oft ein Schnippchen.

So fiel es den Zöllnern an Düsseldorfs Stadttoren zwar auf, daß der Muggel verdächtig gerne als Teilnehmer eines Trauerzuges ihren Kontrollpunkt passierte. Daß er zuvor heimlich einen erlegten Bock mit in den Wagen des teuren Verblichenen geschmuggelt hatte, ahnten sie freilich erst, als der clevere Bursche sich längst auf eine neue Masche verlegt hatte. Mehrere Dutzend Stück Wild waren auf diese Weise in die Altstadt gelangt. In einem unbemerkten Augenblick hatte der Jäger seine Beute jeweils vom Wagen geholt und war damit in den Hinterhöfen verschwunden. Die Kundschaft wartete.

Aber es muß mehr als ein Broterwerb gewesen sein, und offenbar verstand der Muggel sein Gewerbe als eine Art Berufung. Denn obwohl er einmal nach erneuter Haftentlassung den Worten des Anstaltspfarrers geduldig nickend zugehört und feierlich Besserung gelobt hatte, revanchierte er sich noch am gleichen Tag mit einem frisch geschossenen Hasen. Mit ernster Miene offerierte er sein Präsent und wollte dem Geistlichen wohl so zu verstehen geben, wie sehr ihn dessen mahnende Worte bewegt hatten.

Gerissen, mit allen Wassern gewaschen und im Grunde ein herzensguter Kerl, dem man oft genug nicht einmal böse sein konnte. So hat sich der Muggel seinen Platz in der Düsseldorfer Stadtgeschichte erwildert. Und häufiger als über seine verwegenen Taten dachte man über die Gründe nach, die ihn zu dem gemacht hatten, was er war. Möglich ist eine Version, die besagt, daß Johann Muckel schon als junger Mann verbotenerweise gepirscht hatte und dabei von einem Förster ertappt wurde. Gerüchten zufolge soll er den Wildhüter im Zweikampf schwer verletzt haben und zu einer langen Gefängnisstrafe verurteilt worden sein, die ihn auf die berüchtigte »schiefe Bahn« brachte. Mag

Markenzeichen – der Mantel: Pitter Muckel bei der täglichen Runde durch sein Revier, auf der Suche nach spendierfreudigen Menschen

sein. So wie er gekommen war, ging er dann auch wieder. Ohne daß jemals bekannt wurde, wo und wann er gestorben ist, war er plötzlich einfach weg.

Aber es gibt noch einen anderen Muggel. Obgleich ihm die verwandtschaftlichen Bande zum fröhlichen Wilddieb letztlich nicht nachgewiesen sind, wird er gerne als dessen Enkel gehandelt. Muggel Nr. 2 war nicht minder prominent und hauptberuflich Lebenskünstler. Nennen wir das Kind beim Namen: ein Penner. Mit bürgerlichem Namen Peter Muckel, war sein Revier das rechtsrheinische Oberkassel, wo ihn jedes Kind kannte. Kein Wunder, zeitlebens änderte sich das Erscheinungsbild dieses Mannes nur geringfügig: Der stets zottelige Bart umrahmte ein verschmitztes Lächeln, der Rest des Herumtreibers steckte in einem grauen Vier-Jahreszeiten-Mantel, den sein Besitzer offenbar nicht einmal nachts auszog. Jedenfalls roch er so.

»Der Pitter hat im Leben kein Glück gehabt«, sagten die Leute. Als betrunkener Schnorrer bekannt wie eine bunte Kuh, war dieser Muggel doch jemand, dem das Wohlwollen der Menschen im alten Oberkassel sicher war. »Dä Pitter« gehörte einfach dazu, schon deshalb, weil er ohnehin automatisch zur Stelle war, wenn es irgendwo etwas abzustauben gab. Zeitweilig im Fässerschuppen einer kleinen Fabrik beheimatet, führte ihn sein erster Weg morgens hinaus auf die Rheinwiesen, quasi in seinen ganz persönlichen Vorgarten. Die klare Luft lenkte die traditionell vom Vorabend vernebelten Gedanken wieder in klare Bahnen, bis es Zeit wurde, ein manierliches Frühstück aufzutreiben.

Beispielsweise in einer der zahlreichen Metzgereien des Ortes, wo er – von Rasur und Morgenbad auffallend verschont – häufig bevorzugt abgefertigt wurde, um den übrigen Kunden seine Anwesenheit zu ersparen. Penetrant, sicher, aber einige Wurstreste waren auf diese Weise immer zu ergattern. Entsprechend gestärkt, pflegte der Muggel dann seine eigene »Kundschaft« aufzusuchen – feste Adressen, wo man den gutmütigen Kerl gelegentlich bei einem kleinen Schnaps zum Plausch einlud. Die fast beiläufig gestellte Frage vieler Gastgeber: »Sag mal, wovon lebst du denn eigentlich?« beantwortete der Lebenskünstler stets überaus diplomatisch: »Vom Essen und Trinken.«

Zu wirklicher Prominenz aber gelangte der freundliche Streuner durch die Kunst. Am 28. Dezember 1872 unweit der Düsseldorfer Malerakademie geboren, hatte er sich nach dem Besuch der Hilfsschule dort schon häufiger nützlich gemacht. Kleine Botengänge, Handreichungen oder sonstige leichtere Dienste brachten klingende Münze, vom Auflesen und

Tagedieb, Trunkenbold und treuer Freund der Kunst: Muckel Nr. 2 in typischer Pose beim Modellsitzen für einen Düsseldorfer Maler

73. Jahrgang Nr. 84 Düsseldorfer Tageblatt

Pitter Muggel der Einmalige

Eines der letzten Düsseldorfer Originale verschwand von der Bildfläche – Ein paar Anekdoten zum Andenken

Eines der letzten Düsseldorfer Originale, der Pitter Muggel, ist von der Bildfläche verschwunden. Die alten Düsseldorfer kennen ihn gewiß noch, und keinem Oberkasseler ist er fremd. Eine arge Erkältung brachte den alten Mann Anfang dieses Jahres in Krankenhausbehandlung. Dort stellte man fest, daß der Patient das verwahrloste Leben nicht mehr weitertreiben konnte, und so kam er, wie wir hörten, in eine Anstalt. Unser Mitarbeiter Paul Gehlen hält im Folgenden noch einmal das Bild dieses Originals fest, denen, die ihn kannten, als eine freudige Erinnerung, denen, deren Pfad von diesem fröhlichen Naturkind mit dem einfältigen Herzen nicht gekreuzt wurde, als eine unterhaltsame Plauderei.

Zwar ist das Geruhsame einer Zeit vor der Jahrhundertwende wohl für immer vorüber, aber zuweilen huscht uns doch noch einmal, wie ein freundlicher Gruß der alten Zeit, eine jener Gestalten über den Weg, an denen das alte Düsseldorf so reich war.

Ich meine die von der Gilde der sogenannten Ori-

gern können? Schmunzelnd nimmt er den Dank entgegen und empfiehlt sich im Fortgehen fürs Wiederkommen. „Ja, Ihr könnt Oech op de Pitter verlooße, ich paß schon op! Sonn Spetzbowe!"

Ein paar Tage später hat er dann festgestellt, daß einige Latten am Zaun los waren. „Kewwer ich hannse schonn widder festgekloppt!", setzt er treuherzig hinzu. Das ist natürlich wieder ein Grund zum Trinken, oder för e paar Grömmelches ze verdeene!

Dabei suchte er sich seine Kundschaft wohl aus. Er wußte ganz genau, wo et Zweck hatt, on och, wo Gizzhals wohne!

Er ist nicht ohne Mutterwitz.

In einer Klosterküche ging er zeitweilig zu Mittag essen. Dort wurden Arme und Bedürftige gespeist, die von Wohlfahrtsstellen eine Eßkarte dazu bekommen hatten. Der Muggel hatte so etwas nicht nötig, seine Erscheinung war Berechtigungsausweis an sich. Eines Mittags gab es hier Erbsensuppe. Der Muggel, weil er keine Eßkarte hatte, bekam wohl Suppe, aber nicht wie die anderen, eine kleine Wurst dazu. Einer seiner Kundschaft beobachtete ihn, wie er die Suppe verspeiste und dabei knurrig nach der anderen Gäste Wurst schielte. „Pitter, du hast ja keine

Verscherbeln von Altmaterial war auf Dauer ja nicht zu leben. Was lag für Professoren und Schüler näher, als den komischen Kauz eines Tages als Modell Platz nehmen zu lassen, da er sich sowieso meistens in der Nähe der Akademie herumtrieb?

So befremdlich ihm die Offerte auch schien, spielte Muggel schließlich doch mit. Ob als Apostel für eine biblische Szene oder Studienobjekt vom Typ »pfiffiger Landstreicher« – Pitter harrte geduldig aus, während hinter den Leinwänden die Pinsel geschwungen wurden. Zeit hatte er genug, zudem konnten sich die Tarife sehen lassen. Meistens gab's 50 Pfennig Honorar für jede Stunde Modellsitzen. Aktmodelle erhielten das Doppelte – aber für nichts in der Welt hätte sich Muggel auch nur für Minuten von seinem dicken grauen Mantel getrennt.

Unzählige Maler und solche, die es werden wollten, haben den Clochard in dieser Zeit vorzugsweise in Öl festgehalten, und in einigen Gaststätten Düsseldorfs hängen tatsächlich heute noch verstaubte Gemälde, die die Abbildung eines schmuddeligen alten Mannes zeigen. Derart gefragt, wurde der Muggel auf seine Art eine Gestalt des öffentlichen Lebens. So verwundert die Anteilnahme der Menschen nicht, als der Muggel eines Tages zur Behandlung ins Krankenhaus gebracht wurde. »Eines der letzten Originale verschwand von der Bildfläche«, titelte das Düsseldorfer Tageblatt im März 1939 auf der ersten Seite einer Samstags-Ausgabe und mutmaßte, der Patient sei offenbar dem rastlosen Leben nicht mehr gewachsen. Wie es hieß, werde er wohl in eine Anstalt gebracht.

Weit gefehlt. Behördlicherseits in ein Altenheim zitiert, zog Muggel nach reiflicher Überlegung dann doch die anstrengende Freiheit vor und kehrte in sein geliebtes Oberkassel zurück, wo er am 16. November 1943 starb. Wahrscheinlich hätte der Muggel seine helle Freude daran, heute dort durch die Straßen zu schlendern und auf eine kleine Kneipe zu stoßen, die seinen Namen trägt. Ernsthaft beleidigt wäre er aber, wenn er merken würde, daß die wenigsten Gäste wissen, wer dieser Muggel eigentlich war.

Robert Schumann und Clara Wieck

Eine Künstler-Ehe zwischen Dur und Moll

Träumereien am Klavier: Sie war gerade neun Jahre alt, als er sie zum erstenmal spielen hörte. Schumann verehrte die kleine Tochter seines Lehrers, und Jahre später wurden die beiden ein Paar. Robert und Clara, der Komponist und die Pianistin – vielleicht eine ideale Verbindung. In der Liebesgeschichte und dem Künstlerleben aber lagen Licht und Schatten dicht beieinander. Das wohl prominenteste Duo der deutschen Romantik stand Höhen und Tiefen durch – bis daß der Wahnsinn sie trennte.

Zwei Seelen leben in der Brust des jungen Robert, niemandem kann es verborgen bleiben. Geboren am 8. Juni 1810 in Zwickau, zeigt schon das Kind deutlich wechselhafte Züge. Hier ein aufgewecktes Kerlchen mit vielen Interessen, dort ein grüblerischer Geist voller phantastischer Visionen. Dabei für Vater Schumann ein Sohn nach Maß. Der Provinz-Buchhändler, der eigentlich Schriftsteller werden wollte, sieht es gern, wenn Robert durch den Laden streift. Goethe, E.T.A. Hoffmann und Jean Paul – der Junge verschlingt ihre Worte. Ihre Gedanken, Sehnsüchte, aber auch ihre düsteren Bilder entsprechen seinem Wesen. Und sie begleiten ihn weiter, sind zumindest ständig präsent. In der Schule, bei Spaziergängen durch die Natur und bei den Hausmusikabenden der Schumanns.

Der eher schweigsame Junge ist musikalisch, kein Zweifel. Er nimmt Unterricht und sitzt oft stundenlang zuhause am Klavier. Seltsam: Gelegentlich endet sein improvisiertes Spiel damit, daß die Mutter Robert weinend über die Tasten gebeugt vorfindet. Eine Art innere Unruhe ist unverkennbar. Weder die Familie noch die anderen zwölfjährigen Musikerkollegen seines ersten kleinen Orchesters wissen sich recht einen Reim darauf zu machen. Tatsächlich gibt es zwei Roberts, wie der Junge in Tagebüchern und Aufsätzen selbst festgestellt hat. Eine Art Doppelgänger, der im Hintergrund seine eigenen Fäden zieht. Ansatzweise sichtbar wird dieser Umstand bei der anstehenden Berufswahl. Entweder als Musiker oder als Dichter könnte er leben. Aber die Mutter entscheidet: Robert soll in Leipzig Juristerei studieren.

Der folgsame Sohn beginnt sein Studium, aber mit jedem Tag wird Schumann klarer, daß er sich mehr zur Musik hingezogen fühlt. Statt zur Universität macht er sich morgens auf den Weg zu Friedrich Wieck. Der gilt zu dieser Zeit als bedeutendster Klavierlehrer der Stadt – Tochter Clara ist das beste Beispiel für seine ebenso strenge wie erfolgreiche Schule. Nach einigen Monaten Unterricht und einer langen Reise durch Deutschland, in die Schweiz und nach Italien ist Schumann sich seiner Bestimmung sicher. »Ich bleibe bei der Kunst«, schreibt er an Wieck, der den talentierten Jungen gerne unter seine Fittiche und in sein Haus aufnimmt.

Doch aus der Karriere als Klavier-Virtuose wird nichts: Um seine Technik an den Tasten zu verbessern, hat er sich immer wieder beim Üben einen Finger festgebunden – bis die rechte Hand eines Tages gelähmt bleibt. Robert kapselt sich ab, wird von Angstkrämpfen geschüttelt und denkt an Selbstmord, aber plötzlich findet er im Schreiben und Komponieren einen neuen Lebenssinn. »Stolz wie der Doge von Venedig« ist er, als die ersten Schumannschen Werke veröffentlicht werden. Auch wenn ihn die Bilder der Phantasiewelt verfolgen und häufig bedrücken – der 23jährige steht auf recht festem Boden und macht sich vor allem als Erfinder des Musikjournalismus einen Namen. In seiner »Neuen Zeitschrift für Musik« rechnen er und seine Leipziger Freunde ab mit den »Philistern« – Vertretern einer gänzlich anderen Kunstauffassung. Ihren Einfluß auf die Musik so klein wie möglich zu halten wird ein Anliegen, bei dem er sich als brillanter wenn auch gnadenloser Autor erweist. »Hätte ich Feinde, nichts als solche Kompositionen gäb' ich ihnen zu hören«, verreißt er beispielsweise eine unliebsame Komposition. Chefredakteur Schumann hat Erfolg, sein Blatt kennt keine Absatzprobleme.

Friedrich Wieck ist nicht mehr nur sein Lehrmeister und Vermieter, sondern auch Partner in Sachen Fachpresse und vor allem väterlicher Freund. Das ändert sich schlagartig, als Robert sich seiner Liebe zu Clara bewußt wird. Jahrelang hat er das Wunderkind wie eine Schwester neben sich aufwachsen sehen. Das kleine Mädchen ist eine beachtete Künstlerin geworden, und eines steht fest: Brudergefühle sind es längst nicht mehr, die Robert für sie hegt. Ihr, so meint er zu wissen, verdankt er einen großen Teil seiner Kraft der letzten Jahre.

Der alte Herr ist außer sich. Wohl nicht zuletzt, weil er befürchtet, die Verbindung des

inzwischen vielerorts als Musikerin sehr geschätzten Kindes mit einem völlig unbekannten Komponisten könnte die musikalische Erziehung zunichte machen, verbietet er den beiden den Kontakt, stellt der Tochter sogar das Briefeschreiben unter Strafe. Sicher ist sicher: Zusammen mit Clara geht er auf Tournee – weit weg von Robert, der in dieser Zeit leidet wie noch nie. Phasen der Kreativität wechseln sich ab mit starken Depressionen. Er verzweifelt fast, trinkt – und sieht dabei Tag und Nacht nur Clara vor sich. Fünf Jahre lang lebt Schumann in diesem Auf und Ab, sieht die Pianistin nur gelegentlich, wenn seine eigenen Reisen ihren Tourneeplan kreuzen.

Dann kommt es zum Äußersten, die beiden Männer geraten aneinander. Harte Worte fallen, der Klavierlehrer schimpft seinen Lieblingsschüler sogar einen Trunkenbold. Der letzte große Kampf gegen Vater Wieck aber wird vor Gericht ausgetragen, und er endet mit der richterlichen Erlaubnis zur erträumten Eheschließung. Obendrein wird der widerspenstige Schwiegervater zu zwölf Tagen Gefängnis verurteilt – wegen übler Nachrede. In einer kleinen Dorfkirche außerhalb Leipzigs geben die Liebenden sich das Ja-Wort.

Schumann ist mittlerweile nicht mehr ganz unbekannt. In der zurückliegenden Leidenszeit hat er einige hundert Lieder komponiert, die ihm später einmal den Ruf des (Mit-) Begründers der romantischen Musik eintragen werden.

Die Schumanns leben eine Weile nicht schlecht. Robert findet für seine Werke einen Verleger, die Herausgabe der kritischen Zeitschrift und sein Amt als Orchesterdirigent füllen die Haushaltskasse. Auf Dauer jedoch nehmen die beiden Genies sich gegenseitig die Luft, und Clara fühlt sich häufig in die Ecke gedrängt. Daran ändert auch die Luftveränderung in Form eines Umzugs nach Dresden nichts. Der Pianistin fehlt ein Instrument. Da sie nur ein Klavier besitzen, muß sie zusehen, wenn Herr Schumann komponiert. Mit ihr auf Tournee gehen mag der Komponist inzwischen auch nicht mehr. »Sind sie auch Musiker?« fragten Besucher ahnungslos, als der Gatte sich einige Male unter die Bewunderer seiner prominenten Frau mischte. Peinlich.

Seitdem trennen sich die beruflichen Wege häufig. Und privat beginnt eine Reihe von Jahren, die dem Paar nicht nur reichen Nachwuchs-Segen bescheren sollen. Ist Clara zeitweilig treusorgende Mutter und dann wieder gefeierter Star, so durchlebt Robert weiterhin seine Phasen der Höhen und gefährlichen Tiefen. Hin und wieder scheint seine kompositorische Kreativität keine Grenzen zu kennen. Schlaflosigkeit, Verwirrung und Angst, dazwischen Wochen der Ausgeglichenheit und Konzentration – in diesem Rhythmus produziert Schumann. Nach Hunderten von Liedern versucht er sich erfolgreich an Sinfonien, beginnt schließlich sogar an einigen Opern zu arbeiten. Wirklich auf aber geht er in der Kammermusik – und der Bearbeitung von Goethes »Faust«. Beinahe ein Jahrzehnt lang hat er immer wieder an der Vertonung gewerkelt, jetzt wird sie fertig.

Und endlich taucht auch eine Gelegenheit auf, Dresden zu verlassen: Im Herbst 1850 nimmt der Maestro die Stelle als neuer Musikdirektor in Düsseldorf an.

Die Honoratioren von Kunst und Kultur empfangen die mittlerweile siebenköpfige Familie mit offenen Armen, und Schumann stürzt sich in die Arbeit. Lange Spaziergänge durch die Region inspirieren ihn zu seiner berühmten »Rheinischen Symphonie«, und kaum stehen zuhause alle Möbel an ihrem Platz, hören die Düsseldorfer auch schon das erste Konzert unter Schumanns Regie. Solistin: Clara Schumann, die mit dem Klavierkonzert des langjährigen gemeinsamen Freundes Felix Mendelssohn-Bartholdy die Kritiker entzückt. Eine Premiere quasi, denn zum erstenmal treten die Eheleute öffentlich als eine Art Konkurrenten auf. Robert – als Dirigent ohne Routine – reagiert gereizt und macht aus seinem Neid kein Geheimnis. Beim Fest im noblen Haus eines Bankiers kommt es zu Handgreiflichkeiten. Eine unschöne Szene: Der Komponist schlägt seiner Frau mitten im Spiel den Klavierdeckel zu. »Hör auf, so spielt man nicht Schumann«, zischt er sie an.

Für längere Zeit hängt der Haussegen schief, die Kinder Nummer sechs und sieben bessern die vertrackte Lage kaum. Im Gegenteil. Je mehr die Familie wächst, um so schwieriger wird das Zusammenleben, zumal Robert auch in seinem Amt als Orchesterchef zusehends in die Schußlinie gerät. Die Krise spitzt sich zu, als höchste Düsseldorfer Kreise seinen Rücktritt fordern. Die Arbeitgeber halten ihn für unfähig, Clara macht sich mehr denn je Sorgen um seinen Geisteszustand. Sie verteidigt ihren Mann und will ihm helfen, was ihn vielfach nur noch aggressiver macht. Immerhin klappt's dank eines emsigen Kindermädchens zumindest mit ihrer Karriere, außerdem beginnt sie zu komponieren.

Die Anspannung der Schumanns läßt mit dem Besuch eines gewissen Herrn Brahms nach. Beide sind fasziniert von dem jungen Hamburger Musiker – wenn auch jeder auf

Nur allzu oft stand die gefeierte Pianistin Clara Schumann im Schatten ihres Mannes

seine Weise. Der Gast bleibt ein Weilchen. Daß Freund Johannes gelegentlich als wahrer Vater des achten Schumann-Sprößlings Felix vermutet wird, mag Klatsch sein, der von den einen bekräftigt, von anderen, Kennern der Umstände, bestritten wird. Wer weiß.

Allmählich reicht es Clara mit den Mutterfreuden. Auch sie spürt, wie die Jahre an ihrer Energie zehren. Das beständige Auf und Ab hat Kraft gekostet, und gerade jetzt muß sie beobachten, wie sich der Gesundheitszustand ihres Mannes wieder verschlimmert. Robert ist nicht weit vom Wahnsinn entfernt, als er mit den »Gesängen der Frühe« sein letztes Werk beendet. Er entwickelt ein Faible fürs Okkulte, die unsichtbaren Gewalten, die er in sich fühlt, beschatten ihn mit Sprachstörungen und akustischen Halluzinationen. Schließlich rennt das Genie an einem Februarmorgen von Zuhause fort und stürzt sich in den Rhein. Schumann wird gerettet und in eine Heilanstalt bei Bonn gebracht.

Clara erwartet ihr letztes Kind, als ihr Mann dort seinem Ende entgegenleidet. Er hat ein Klavier, Bücher und darf Besuch empfangen. Aber Schumann will niemanden mehr sehen. Als Clara am 27. Juli 1856 vor seinem Bett steht, lächelt er nur noch. Zwei Tage später ist er tot.

Mit Roberts Tod beginnen für Clara 40 Jahre, in denen niemand mehr seinen Platz an ihrer Seite einnehmen soll. Sie kämpft schwer und lange mit dem Verlust. Freunde stehen ihr bei, Trost und Hilfe aber findet sie vor allem in Johannes Brahms, den sie ihren »liebsten, treuesten Begleiter« nennt. Halbherzige Liebeleien mit einigen jungen Damen und eine im letzten Moment noch abgeblasene Hochzeit lassen den mittlerweile etablierten Musiker erkennen, daß es für ihn keine andere Frau als Clara gibt. Dennoch bleibt die zu erwartende Verbindung aus. Clara verläßt Düsseldorf und zieht zunächst nach Berlin. Sie wird, was Vater Wieck sich für seine Tochter gewünscht hat: eine international erfolgreiche und umjubelte Konzertpianistin. Clara scheint zu spielen, um zu vergessen. Etliche Jahre hetzt sie von Auftritt zu Auftritt, bisweilen nur gebremst von rheumatischen Schmerzen in den Armen. Sie spielt Brahms, Mozart, Bach und Beethoven – und immer wieder Schumann. Robert bleibt allgegenwärtig. Sie sieht die gemeinsamen Kinder heranwachsen und deren eigenes Leben beginnen, trägt einige von ihnen sogar zu Grabe. Clara Schumann stirbt am 20. Mai 1896.

Adolf Uzarski

Frech wie eine Ratte

Vorsicht bissig! – Gewarnt wird in diesem Fall nicht vor dem Hund, sondern vor seinem Herrchen: Adolf Uzarski. Der gelernte Werbegrafiker pfiff auf die Kinderstube, wenn er lächerliche Figuren in seinen Karikaturen noch lächerlicher machen konnte. Sein oft makabrer Witz ging gnadenlos mit Zuständen und Zeitgenossen ins Gericht. Und tatsächlich gab es da auch noch einen kleinen Hund . . .

Adolf Uzarski galt in den Augen der Nazis als »direkte Gefahr für das deutsche Kulturgut«. Schuld daran war nicht zuletzt sein Hund

Adolf Uzarski erzählte die Geschichte einmal so: Es sei ein Sonntagmorgen gewesen, den er (und das wollen wir ihm gerne glauben) wie gewöhnlich sehr lange im Bett verbrachte. Plötzlich habe der Briefträger vor der Tür gestanden (und das glauben wir nun ganz bestimmt nicht, denn es war ja Sonntag!) und ein dickes Paket gebracht. Der Inhalt soll ihn zunächst enttäuscht, beim näheren Hinsehen dann aber fasziniert haben: ein umfangreiches und eng beschriebenes Manuskript mit dem Titel »Meine Memoiren«, dessen Autor und Absender sich »Möppi« nannte. Kein unbedingt hübscher Name, nicht einmal für einen Hund, denn um einen solchen handelte es sich bei dem Verfasser. Sagt Uzarski.

Nein, so kann es beim besten Willen nicht gewesen sein. Tatsache ist, daß Uzarski selbst, kein anderer und schon gar kein Vierbeiner, der wahre Urheber dieses Buches war. Tatsache ist nämlich auch, daß er sich schon häufiger gefragt hatte, warum immer mehr Menschen ihre Memoiren schreiben, noch nie aber ein Hund seine Lebensgeschichte erzählt hat. Und eine letzte Tatsache (obwohl es noch etliche gibt) ist die: »Möppi« wurde ein Erfolgsroman, der sich besser verkaufte als die berühmten warmen Semmeln. Einige alte Düsseldorfer mögen sich heute noch an köstliche Stunden der Lektüre erinnern, die ihnen der – mit Verlaub – kleine Köter in den 20er Jahren bescherte. Also Uzarski.

Nicht von ungefähr lockte das humoreske Hundeleben die Leser mühelos hinterm Ofen hervor. Der Spitz hatte gut aufgepaßt, als er – wahlweise mit oder ohne Herrchen – in der Stadt unterwegs war oder wenn es im Zusammenleben mit den Zweibeinern wieder einmal Sonderbares zu entdecken gab. Indem Möppi kein Blatt vor die Schnauze nahm, hielt er den Menschen und in erster Linie den Düsseldorfern einen Spiegel vor. Ein nicht immer angenehmer Anblick und wenig schmeichelhaft, denn das Tier nannte die Dinge beim Namen und skizzierte ein wohl relativ scharfes Bild seiner Zeitgenossen, inklusive aller nur denkbarer Peinlichkeiten des ganz normalen Alltagsgeschehens. Dem Volk aufs Maul zu schauen, muß dem Hund ganz besonderen Spaß bereitet haben – auch wenn bisweilen Unfeines zur Sprache kam. Dabei befleißigte sich Möppi gelegentlich selbst manch derben Tones. Etwa nach erlittener Kastration, die seinen exzessiven Liebesabenteuern auf der Kö-Promenade ein Ende setzen sollte. Kommentar des Patienten: »Hin ist hin – und eine abgeschnittene Gasleitung kocht keine Suppe mehr.« Wo er das nun wieder her hatte?

Von Uzarski natürlich. Zeitlebens und in den meisten seiner Arbeiten ein ausgemachter Schelm, war der Künstler vor allem ein vorzüglicher Beobachter menschlichen, weniger menschlichen und nur allzu menschlichen Verhaltens. Uzarski sah hin, wenn andere wegschauten – eine oft aufschlußreiche Betrachtungsweise, die das Werk des Düsseldorfers in die Nähe der »Milljöh«-Studien des Herrn Zille aus Berlin rückt. Höchst erfreulich für Düsseldorf also, daß dieser Mann doch nicht Architekt wurde. Als solchen hätten ihn die Eltern nämlich gerne gesehen.

Aus dem Herzen des Kohlenpotts war Adolf Uzarski an den Rhein gekommen. Am 14. April 1885 in Duisburg-Ruhrort geboren, hatte er den von Hause aus vorgezeichneten Weg schon ein ganzes Stück eingeschlagen, ehe er abbog. Nach relativ lustlosem Schulbesuch, Maurerlehre, Architekturexamen und anschließendem Job als Bauführer meldete sich der 21jährige an der Kunstgewerbeschule in Düsseldorf an und wurde Gebrauchsgrafiker. Ein guter. Zu den ersten Arbeiten gehörte das Plakat für die Gartenbauausstellung in Duisburg 1908, weitere Aufträge verschafften ihm in der Szene einen Ruf, der ihn während des Ersten Weltkriegs sogar vorübergehend zum Werbechef eines großen Warenhauses beförderte.

Ausschließlich Reklame – das war nichts für Uzarski, der sich als Freiberufler ohnehin wesentlich wohler fühlte. Der oft eigenwillige Stil des Künstlers fand Anklang, seine Liebe zu skurrilen, oft grausigen Zeichnungen war durchaus im Sinn eines begeisterten Patriotentums, vor dessen Karren er sich gerne spannen ließ. Eine Weile zumindest. Uzarskis Hinwendung zu einer kritischen und demokratischeren Haltung fiel in die Zeit, da er den Pinsel immer häufiger gegen die Feder tauschte und verstärkt zu schreiben begann. Bissig wie die meisten seiner bisherigen Illustrationen waren auch die Texte, die nicht selten auf die hocherhobene Nase des spießigen Kleinbürgers zielten. Typen wie Aribert Müffer eben, den überheblichen Teutonen, der sich im 1919 erschienenen Buch »Die spanische Reise« als nörgelnder Weltbürger aufspielt – und vor den Lesern bloßgestellt wird.

Die 20er Jahre wurden seine kreativste und arbeitsreichste Zeit, markiert durch die Entstehung des »Jungen Rheinlandes«. Mitbegründer Uzarski war neben Gert Wollheim und Herbert Eulenberg einer der führenden Köpfe des Bundes, der sich spektakulär um die Bäckersfrau und Künstlermutter Johanna Ey geschart hatte, um gegen die erstarrten Strukturen des traditionellen Kunstbegriffes zu streiten. Bissig und hitzig natürlich, wie bereits jenes »Pech und Schwefel«-Symbol erkennen ließ, das Uzarski für die kämpferische Zeitschrift der Organisation entworfen hatte.

Gleichzeitig begann Möppi, böszüngig und schwanzwedelnd durch Düsseldorf zu streifen. Der Roman wurde mit 15 Auflagen in den ersten zwölf Jahren Uzarskis größter schriftstellerischer Erfolg, wenn auch die nächsten Bücher wie etwa »Herr Knobloch. Eines großen Mannes Glück und Ende« oder die heitere Boxergeschichte »Beinahe Weltmeister« ebenso wirksame Schläge knapp unter die Gürtellinie des Spießertums setzten. Geschichten und Illustrationen bedienten sich ähnlich drastischer Mittel, dem Leser – mal delikat, mal gruselig – eine unheilsträchtige Gesellschaft dümmlicher Deutscher vorzuführen. Habgier und Heimtükke, Vorurteile und Neid – Charakterzüge, die den Karikaturen Uzarskis überdeutlich im oft feist-fetten und verkniffenen Gesicht geschrie-

ben standen. Nicht zuletzt Militarismus und Gewalt blieben Themen, die Uzarski immer wieder aufgriff, um sie – gelegentlich über die Grenzen der Geschmacklosigkeit hinaus – zielsicher zu verdammen. Nach Motiven brauchte er nicht lange zu suchen. Im Café, auf der Straße, im Zoo – überall fand der Zeichner Darsteller für ein neues Horrorkabinett des Alltags. Weitaus weniger hämisch, dafür um so exotischer gestalteten sich seine Illustrationen für eine ganze Reihe von Kinderbüchern. »Die Geschichte von den 10 kleinen Negerbuben« beispielsweise, oder »Trill, Troll und Trine bei Meiers« verlangten eine zahmere Handschrift, für mehrere andere Bilderbücher schrieb er sogar eigene Texte.

All das waren Arbeiten, die den außergewöhnlich produktiven Künstler nicht in seinem Engagement für das »Junge Rheinland« beeinträchtigten. Mit vielen Ausstellungen und Aktionen blieb er eine treibende Kraft der Bewegung. Bis es eines Tages zum großen Krach kam. Adolf Uzarski gilt als Anlaß der Spaltung in zwei Fraktionen; nach heftigen Auseinandersetzungen mit »Mutter Ey« gründete er zusammen mit einigen Kollegen die »Rheingruppe«. Aufsehen erregt hatte ein Jahr zuvor auch die von Uzarski organisierte »1. Internationale Kunstausstellung im Kaufhaus Tietz«, die eigentlich in der Düsseldorfer Kunsthalle hätte stattfinden sollen. Nachdem man das Vorhaben dort jedoch abgelehnt hatte, nutzte Uzarski seine Kontakte zur lokalen Wirtschaft. Im vierten Stock des Warenhauses zog vorübergehend die internationale Avantgarde der Künstler ein – Werke von Marc Chagall, Lyonel Feininger oder auch Picasso waren zu sehen, wo Kunden sonst nach Sonderangeboten Ausschau hielten.

In den 30er Jahren aber wurde es stiller um den kritischen Geist. Mit der Machtübernahme der Nationalsozialisten brachen harte Zeiten an. Seine bitterbösen Hiebe auf gesellschaftliche Mißstände – sie fanden sich nun schwarz auf weiß in den Akten der Gestapo. Ein dickes Dossier. Ein Mann wie dieser Uzarski war gefährlich, für die Nazis zu gefährlich, um ihn

weiter ungehindert Gift und Galle wettern zu lassen. Mehr und mehr beschnitten sie das Arbeitsfeld des Künstlers, bis hin zum endgültigen Berufsverbot. Die braunen Observateure hatten gründliche Arbeit geleistet, dem »Kulturbolschewisten« und typischen Vertreter des »seelenlosen Expressionismus« das Handwerk zu legen. Auszug aus den Protokollen: »Uzarski ist eine direkte Gefahr für das deutsche Kulturgut . . . verlogen und verschlagen bis in die letzte Phase seines Wesens . . .«, außerdem ». . . frech wie eine Ratte.« Für die Machthaber somit »direktes Sprengpulver in allen Fragen kultureller Ordnung« und ein Mann, der eindeutig als entartet zu betrachten war. Der Künstler wurde polizeilich überwacht, seine Bücher auf die Liste schädlichen und unerwünschten Schrifttums gesetzt.

Unter einem Pseudonym arbeitete Uzarski noch eine Weile für eine Düsseldorfer Tageszeitung, wechselte dann aber aus Angst vor weiterer Verfolgung mit seiner Frau Frieda mehrfach den Wohnsitz und versteckte sich in den letzten Kriegsjahren in einem kleinen belgischen Dorf. Zurück in Düsseldorf, fand er immer seltener die künstlerische Energie früherer Tage. Mit kritischen Wort- und Bild-Beiträgen für mehrere Zeitungen und der gelegentlichen Teilnahme an Ausstellungen blieb sein Name jedoch bekannt. Am 14. Juli 1970 starb Adolf Uzarski im Alter von 85 Jahren. Eine der letzten Zeichnungen aus seiner spitzen Feder erschien in den 50er Jahren als Titelbild des »Deutschen Michel«: Uzarskis Porträt von Konrad Adenauer. Text: »Nach rückwärts, mit dem Gesicht nach vorn, dat is de jroße Kunst, meine Damen und Herren.«

Jan Wellem

Goethe staunte: Ein Fürst zum Anfassen

Politik war sein Job und die Kunst seine große Liebe: Mit Johann Wilhelm erlebte Düsseldorf vor über 300 Jahren einen Regenten, der alles stehen und liegen ließ, wenn sich die Chance bot, Prunk und Pracht in die Stadt zu holen. Nicht ganz unumstritten, blätterte der Kurfürst Unsummen für den kulturellen Glanz seiner Residenz auf den Tisch. Aber: Düsseldorf strahlte – und in manchen Nächten sogar etwas heller als Paris.

Das ruhige Städtchen Düsseldorf hatte knapp 8000 Einwohner, aber die meisten von ihnen dürften auf den Beinen gewesen sein an jenem Augusttag. Man schrieb das Jahr 1679 und war auf einen ganz besonderen Gast eingerichtet: Kurprinz Johann, just vermählt mit der Erzherzogin Maria Anna, schickte sich an, als frischgebackener Landesvater den Untertanen am Rhein seine Aufwartung zu machen.

Mag sein, daß mancher von der Erscheinung des Herrschers ein wenig enttäuscht war. Der Mann erwies sich bei näherem Hinsehen als klein von Gestalt, äußerlich eher unscheinbar und wollte einfach nicht so recht ins Bild eines barocken Fürstensohnes passen. Was die Herzlichkeit der Menschen bei diesem pompösen Empfang keineswegs schmälerte, wußten sie doch um seine innige Beziehung zu ihrer Stadt. Johann Wilhelm und Düsseldorf – das wird wohl so etwas wie Liebe auf den ersten Blick gewesen sein. Sicher, hier hatte er zehn Jahre nach Abschluß des westfälischen Friedens am 19. April 1658 sein erlauchtes Haupt aus der Wiege gehoben und erstmals in die Welt geblickt. Aber seither war einige Zeit vergangen, in der der Erbprinz auf seinen Reisen viel von der Welt gesehen hatte. Daß er ausgerechnet Düsseldorf zu seiner Residenzstadt erwählt hatte, ehrte ihre Bewohner.

Zuvor ein Blick auf die Ahnentafel: Wolfgang Wilhelm – der Großvater unseres Helden – hockte als Vertreter der Nebenlinie des pfälzischen Zweiges der Wittelsbacher auf seinem kleinen Fürstentum Neuburg, als ihm zu Beginn des 17. Jahrhunderts durch Erbschaft die beiden Herzogtümer Jülich und Berg zufielen. Kurzerhand verlegte er sein Hauptquartier von der Donau an den Rhein, wo er die Amtsgeschäfte inklusive sämtlicher Güter schließlich Sohn Philipp übergab. Der erwies sich nicht nur in politischen Dingen als extrem fleißig: 17 Kinder aus zwei Ehen zeugten von innigem Bemühen, den Clan zu erhalten. Was nicht nur funktionierte, sondern dank der frühzeitigen Verteilung des Nachwuchses auf fast ganz Europa für einen ambitionierten Herrscher auch enorme diplomatische Vorteile barg.

Die wiederum wußte Johann Wilhelm zu nutzen, als er eines Tages das Erbe des Vaters antrat und in die europäische Politik einstieg. Seine Lehre als Fürst hatte er zunächst einmal mit Bravour absolviert. Streng katholisch erzogen, war er mit einer Fülle von Kenntnissen ausgestattet worden, wobei seine Neigung zu Wissenschaft und Kunst besondere Beachtung fand. Inmitten der Wirren des großen europäischen Krieges verordnete man dem Jungen dann eine dreijährige Bildungsreise durch Süd- und Westeuropa.

Gekrönte Häupter und ehrwürdige Vertreter der Kirche – Johann hatte sie alle kennengelernt. Kaiser Leopold I. gratulierte er zur Vermählung mit seiner Schwester Eleonore, Papst Klemens X. traf er in Rom und König Ludwig XIV. empfing den hochwohlgeborenen Teenager in seiner Residenz in St. Germain bei Paris. Des Monarchen Schwägerin, Liselotte von Orleans, erinnerte sich noch fast zwei Jahrzehnte später an den jungen Besucher und ihr erstes Urteil über ihn: »Ein gar guter Herr«. Fürwahr, der Erbprinz war vielerorts äußerst beliebt, und er wurde zu einer der populärsten Figuren in deutschen Landen.

Und so verwundert es kaum, daß Herr Wilhelm bei seinem Einzug an jenem Augusttag längst seinen Spitznamen weg hatte. Die kosende Kurzform »Jan Wellem« sprach sich nicht nur leichter aus, sondern kennzeichnete ihn offenbar auch ganz gut. Nicht ohne Grund standen die Düsseldorfer mit ihrem Regenten auf gutem Fuße. Von der Natur mit einem humorvollen Wesen ausgestattet, wurde Jan Wellem ein Fürst zum Anfassen, der auf die Etikette pfiff und sein prachtvolles Domizil nur zu gerne verließ, um mit den Menschen auf Tuchfühlung zu gehen. Beispielsweise im Gasthaus »en de Canon«, denn für einen guten Moselwein war der Edelmann immer zu haben. Oder auf einem seiner zahlreichen Ausritte, bei dem er sein Pferd samt Gefolgschaft regelmäßig anhalten ließ, um sich am Wegesrand bei einem

Bauern nach dessen Befinden zu erkunden. Sprechstunde unter freiem Himmel.

Was ihn jedoch mehr als alles andere von vielen europäischen Kollegen unterschied und sein Andenken in der Landeshauptstadt bis heute hochhalten läßt, war Johanns Liebe zur Kunst. Seiner Pionierarbeit in diesem Bereich wird die weitere Entwicklung der Stadt zugeschrieben. Zu recht. Mit Johann Wilhelm hielt zunächst einmal die Musik Einzug in Düsseldorf. Selbst ein freudiger Sänger und im sachgerechten Umgang mit diversen Instrumenten vertraut, war Hausmusik bei Wilhelms Trumpf, denn auch die Gattin legte gerne Hand an, wenn es darum ging, tatkräftig der Muse zu frönen. Ein kunstsinniges Pärchen. Nicht anders verhielt es sich mit Maria Luise von Toskana aus dem Geschlecht der Medici, Johanns zweiter Frau. Nach dem plötzlichen Tod von Maria Anna hatte er in ihr eine Gefährtin gefunden, die seine Neigungen teilte und unterstützte.

Bereits als Wilhelm seine Düsseldorfer Residenz bezog, gehörte eine kleine Gemäldesammlung von Großvater Wolfgang Wilhelm zur Grundausstattung. Unter der Regie des Enkels vergrößerte sie sich rasch, und Johann erwies sich als Kenner, der genau wußte, wann ein Werk seinen Preis wert war und wann seine Beauftragten Gefahr liefen, sich übers Ohr hauen zu lassen. In ganz Europa hielten die Gesandten Ausschau nach Neuerwerbungen für die gute Stube in Düsseldorf.

Dort ließ sich's leben. Der Regent hatte angefangen, Künstler aller Couleur um sich zu scharen. Musiker, Maler und Bildhauer folgten seiner Einladung, Baumeister, Goldschmiede, Teppichwirker, Instrumentenbauer, Forscher

Der Fürst in voller Montur – von seinem Sockel herab beäugt Jan Wellem heute das Treiben in der Altstadt

und Gelehrte zogen an den Rhein. Männer wie der italienische Bildhauer Gabriel Grupello fanden in ihm einen Kunstfreund, dem kaum etwas zu teuer schien, solange es der Entfaltung von Pracht und Prunk diente. Dem aus Mailand stammenden Meister ließ er sogar ein eigenes Gießhaus einrichten und schenkte ihm obendrein eine Wohnung in einem der schönsten Häuser der Stadt. Zahlreiche Opern und Symphonien erlebten zudem am Hofe Jan Wellems ihre Uraufführung, und mit der Zeit wurde Düsseldorf das unbestrittene Zentrum der Künste.

Was immer ihm auch von bleibendem Wert erschien – der Kurfürst sammelte es, ob Skulpturen, Bücher, Pflanzen, Waffen, Edelmetalle oder Elfenbeinschnitte. Dafür nahm er gelassen in Kauf, daß seine Residenz immer weniger Wohnraum aufzuweisen hatte, statt dessen aber einer gigantischen Schatzkammer glich. Mit besonderem Eifer war er bemüht, alte Musikinstrumente aus aller Welt in seinem Heim zusammenzutragen. Das auf diese Weise entstandene Raritätenkabinett lockte später Kenner wie den Komponisten Georg Friedrich Händel an, der eigens zu einer Besichtigung aus London anreiste. Mächtige Bauten, Sammlungen von antiken Münzen, Medaillen und Porzellan, vor allem aber Gemälde – der Mäzen engagierte sich für alle Zweige der Kultur, um sie zu größerem Glanz gelangen zu lassen.

Da geriet so mancher Zeitgenosse ins Schwärmen. »Heute habe ich eine unaussprechlich angenehme Überraschung gehabt«, frohlockte beispielsweise Friedrich von Schiller, »mein ganzes Herz ist davon erweitert. Ich fühle mich edler und besser.« Was den Dichter so aus der Fassung gebracht hatte, war ein Rundgang durch Wilhelms Saal der Antiken, in dem er edelste Relikte griechischer und römischer Bildhauerkunst angehäuft und der Öffentlichkeit zugänglich gemacht hatte. Eine echte Augenweide, wie wenig später auch Johann Wolfgang von Goethe befand. Seine Reise nach Düsseldorf beschrieb er als »Gewinn für das ganze Leben«, schließlich habe er am Hofe Johann Wilhelms eine Gemäldesammlung bestaunen können, »...dergleichen sich in Deutschland kein Ort rühmen kann, selbst Dresden nicht ausgenommen«.

Freilich war das kostspielige Engagement durchaus auch kritisch zu betrachten. Die Sucht nach künstlerischen Lustbarkeiten aller Art wurde Jan Wellem mehr als einmal böse angekreidet. Viele seiner Untertanen in den verschiedenen Ländereien des Regierungsgebietes lebten in ärmlichsten Verhältnissen und fanden nur wenig Verständnis für das verschwenderische Tun des hohen Herrn. Und auch am Hofe selbst herrschte hinsichtlich des luxuriösen Lebens gelegentlich dicke Luft, wie einem Brief der Gemahlin zu entnehmen ist, in dem sie sich beschwert, daß ihr Gatte allzuviel Geld für »Allotria« ausgebe.

Damit mochten Eskapaden wie das rote Pülverchen eines Scharlatans gemeint sein, der mit selbigem angeblich Quecksilber in Gold verwandeln konnte. Der Fürst griff begeistert zum Geldbeutel und zahlte 3000 Taler: fauler Zauber, aber Jan Wellem fiel darauf herein.

Mochten ihn ausgefallene Einfälle noch so sehr in finanzielle Schwierigkeiten gebracht haben, so warfen seine Aktivitäten rund um Düsseldorf doch auch einige für die Untertanen brauchbare Neuerungen ab. Beispielsweise die erste ständige Brücke über den Rhein oder die auf seine Initiative hin eingeführte Müllabfuhr. Dank der glänzenden Idee, die Stadt mit 400 Laternen auszustatten, wurde er schließlich sogar der Vater der modernen Straßenbeleuchtung, die er seinerzeit allerdings – ganz Wilhelm – sogar in hellen Sommernächten anzünden ließ. Nicht einmal Paris leistete sich einen solchen Luxus.

Daß er für die politische Arbeit nie das glücklichste Händchen hatte, haben die Düsseldorfer ihrem Jan Wellem längst verziehen. Als der Regent am 8. Juni 1716 im Alter von 58 Jahren starb, ließ man sein Grabmal mit einer Inschrift versehen, die ihn als »den besten Fürsten« lobte, der wahrhaftig »alle Liebe, Verehrung und Trauer verdiente«.

Gustaf Gründgens

Super-Star, Genie und Dämon

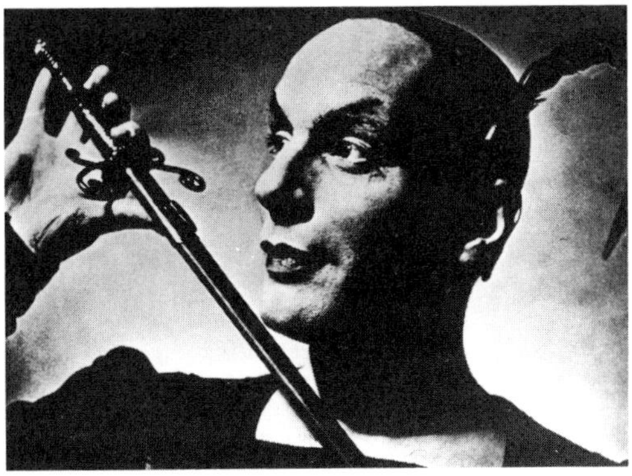

Geniefurz!« beschimpfte ihn ein Kritiker. »Fatzke«, zischte man hinter seinem Rücken. Gustaf Gründgens hat sie überhört, die Schmähungen. Aalglatt, arrogant, undurchsichtig oder selbstherrlich. In jedem Fall war er ein Paradiesvogel auf den Brettern, die die Welt bedeuten. Geliebt und gefeiert, gefürchtet und verhaßt. Ein Super-Star, der längst nicht nur der Rolle des »Mephisto« sein Denkmal verdankt. Makel inklusive: Seine Karriere im Dritten Reich haben ihm viele nie verziehen. Der umstrittene Schauspieler, Regisseur und Begründer einer Theaterepoche bleibt unvergessen – und rätselhaft.

Auch der große G.G. hat klein angefangen. Geboren zwei Tage vor dem Heiligabend des Jahres 1899 in Düsseldorf, wuchs Gustaf mit seiner Schwester Maria wohlbehütet im Schoß einer einst über Generationen recht gut betuchten Familie auf. Doch die große Zeit der Gründgens' war vorbei. Man wahrte den Schein der besseren Gesellschaft, der Junge verlebte eine Jugend ohne besondere Vorkommnisse. Die sollte erst das Soldatentum mit sich bringen.

Der eigentliche Dienst mit der Waffe und an der Front des Ersten Weltkriegs blieb dem 18jährigen erspart; in einem Armeeblättchen aber las er die kurze Meldung, die sein weiteres Leben dirigieren sollte: »Schauspielerische Talente zur Gründung eines Fronttheaters gesucht«. Gründgens kam, sah – und mischte mit. In seiner Bewerbung hatte Gustaf gründlich gelogen. Bühnenerfahrung, so prahlte der Teenager schwarz auf weiß, habe er schließlich genug.

Von kleinen Rollen nach kurzer Zeit gelangweilt und hoffnungslos unterfordert, erklomm er erstaunlich schnell das Karriere-Treppchen. Wo immer es etwas zu koordinieren, künstlerische wie technische Fragen zu klären gab, meldete sich der junge Gründgens zu Wort. Akteur, Regisseur und Organisator in einem – so ein Bursche war zu gebrauchen. Mit Kußhand nahm sich dann auch die Düsseldorfer Theaterakademie eines solchen Talentes an. Die Schauspielhaus-Direktoren Louise Dumont und Gustav Lindemann waren voll des Lobes. Im Abgangszeugnis prophezeiten sie Gründgens vor allem bei der »Ausformung der seelischen Struktur problematischer Naturen« einen erfolgreichen Weg.

An einen weiteren Lehrmeister geriet der fleißige Schüler in Kiel: Max Alberti. »Er ließ mich die ganze Literatur rauf und runter spielen«, erinnerte sich der Primus später. Längst hatte er dabei auch als »Mephisto« auf den Brettern gestanden. Und kaum zu glauben: Ob als »Wilhelm Tell«, »Götz von Berlichingen« oder in »Maria Stuart« – dieser Gründgens war überall einzusetzen. Dennoch, sein wahres Theater fand er erst in der Person von Erich Ziegel, der ihm einige Engagements später in Hamburg über den Weg lief und sein väterlicher Freund und Meister wurde.

15 Rollen dauerte es bis zum großen Durchbruch: mit dem »falschen Erik« in Georg Kaisers »Kolportage«. Gründgens arbeitete verbissen, ohne Pause und bis tief in die Nacht, spielte, inszenierte, las und managte. Hätte es seinerzeit schon den Begriff »worcoholic« gegeben – er hätte ihn verdient. Und vermutlich akzeptiert. Denn nicht nur auf, sondern auch vor und hinter der Bühne genoß er seine Rolle. »Als Schauspieler fühle ich mich, Schauspieler ist auch der Beruf, der in meinem Paß steht«, sagte er.

Eine weitere folgenreiche Begegnung war die mit Thomas Manns Sohn Klaus. Gründgens inszenierte nicht nur seine Stücke, sondern heiratete – bekanntermaßen homosexuell – auch 1925 dessen Schwester Erika, ebenfalls Schauspielerin. Die Ehe dauerte nur drei Jahre, und viel länger hielt es auch das Wunderkind aus Düsseldorf nicht mehr an der Elbe. Zum Bruch kam es auch mit Klaus Mann: In dessen berühmtem und bis Anfang 1980 verbotenem Buch »Mephisto – Roman einer Karriere« wird bis heute eine Abrechnung mit dem unheimlichen Bühnenmagier gesehen.

Neue Stadt, neues Glück. In Berlin war der Name Gründgens zwar schon ein Begriff, jedoch längst kein bereitgestellter Polstersessel. Der Karriere zweiter Teil wollte erarbeitet werden, zu einem deutlich geringeren Honorar als bisher. Ein Tiefschlag gegen den Musterschüler, der mittlerweile auch seine verarmte Familie miternährte.

Ein steiniger Weg nach oben begann – auch mit Singspielen und Gesellschaftskomödien. Und während sich in der Hauptstadt bereits die nationalsozialistischen Elemente stärker formierten, hatte das Publikum Gründgens seine feste Rolle zugedacht. In Filmen war er als typischer Schurke aufgefallen, als der Hinterhältige, Verschlagene, der Verbrecher. So sahen ihn viele am liebsten, das kauften sie ihm ab. Gründgens war verärgert, zumal seine ersten (und erfolgreichen) Opern-Inszenierungen für ihn wesentlich mehr Bedeutung hatten. Er biß die Zähne zusammen, mimte dem Volk brav den Bösewicht und steuerte insgeheim auf den magischen Wendepunkt seiner Karriere zu.

Im Dezember 1932 hob sich im Berliner Theater am Gendarmenmarkt der Vorhang zu »Faust Erster Teil« unter der Regie von Lothar Müthel. Mit Gustaf Gründgens als – so schwörten viele noch Jahrzehnte später – der echte und einzige Mephisto. Eine Figur und zahllose verschiedene Rollen; der Maestro ließ die Zuschauer atemlos in ihren Sitzen verharren. Geschafft. Deutlich disziplinierter schon verkörperte er den Mephisto wenig später in Faust II, für dessen Inszenierung man einen Regisseur aus der »Provinz« anforderte: den Düsseldorfer Gustav Lindemann, Gründgens' ehemaligen Lehrer. Doch nach wenigen Vorstellungen senkte sich der Vorhang ...

Mit der Machtübernahme Hitlers packte Gründgens die Angst. Die Machenschaften des neuen Reichskanzlers und seiner Gefolgsleute gaben begründeten Anlaß zum Mißtrauen, vor allem der hitzig geschürte Haß gegen Homosexuelle ließ ihn seine Flucht ins Ausland planen. Es sollte anders kommen. Nach einer gelungenen Vorstellung von Faust I befand sich der Preußische Ministerpräsident Hermann Göring unter den Gratulanten. Der, gleichzeitig Chef des Berliner Staatstheaters, war hingerissen von den schauspielerischen Qualitäten Gründgens' – und bewegte ihn zum Bleiben. Ob es dabei wirklich viel zu bewegen gab, ist umstritten.

Den folgenden Schritt jedenfalls hat man dem Virtuosen auch lange nach seinem Tod nicht verziehen: G.G. blieb in Berlin, inszenierte, spielte und nahm ganz nebenbei auch noch die Schauspielerin Emmy Sonnemann unter seine künstlerischen Fittiche: Görings Braut. Obwohl er sich erwiesenermaßen zu keiner Zeit mit den Nazis identifizierte, lernte Gründgens die Privilegien zu genießen. Erst Staatsrat, Intendant, dann Generalintendant – diesem Aufstieg unter der Protektion der braunen Machthaber haftete ein übler Geruch an.

Ein Jahr nach der Scheidung: Gründgens und Ex-Frau Marianne Hoppe 1947 in Sartres »Die Fliegen«

Gerüchte über Gerüchte: Den Luxus-Mercedes soll Göring ihm für erwiesene Dienste geschenkt haben, einige Hitler-Reden wurden gar der Einstudierung durch Gustaf Gründgens verdächtigt. Belegte Tatsache ist einzig, daß der prominente Theater-Boß vielen von den Nazis bedrohten Kollegen half. Durch seine Vermittlung blieben Schauspieler wie

Ernst Busch und Paul Henckels lange Zeit vom Zugriff der Partei verschont. Daß er außerdem bemüht war, seine Bühne frei von faschistischen Parolen zu halten, bekam ein neuer Mitarbeiter schon beim Einstellungsgespräch zu spüren. »Ich erwarte von Ihnen, daß Sie kein Nationalsozialist sind!« herrschte der allgewaltige Glatzkopf mit dem Monokel ihn an. Ein Doppelleben?

»Wollt Ihr den totalen Krieg?« brüllte Goebbels im Februar 1943 in die Mikrophone des Berliner Sportpalasts. Fanatischer Jubel. Gründgens sah das Ende der Kunst nahen. Seine verblüffende Entscheidung, bisweilen als cleverster Coup ausgelegt: Er wurde Soldat. Mit 44 Jahren und gesundheitlich seit längerem angeschlagen, unterstellte ihm kaum jemand militante Anwandlungen. Vielmehr räumten ihm Uniform und der Titel des Staatsrates große Freiheiten ein. Sicherer denn je konnte er sich nun um sein zeitweilig 1500 Menschen beschäftigendes Haus kümmern, zumindest die Kontrolle behalten.

Die Schließung aller Bühnen in den letzten Monaten des Zweiten Weltkriegs bedeutete auch das jähe Aus für die Ära Gründgens. Von den Russen verhaftet, verbrachte er neun Monate im Konzentrationslager Jamlitz. Erst eine Rettungsaktion ehemaliger Kollegen schenkte ihm wieder die Freiheit. Aber was für eine. Lange Zeit als Dämon und Dandy das Lieblingskind der Szene, gelang es ihm schwer, sich nach Kriegsende zu rehabilitieren. Auch die nunmehr zehnjährige Ehe mit der Schauspielerin Marianne Hoppe ging in die Brüche.

Gründgens packte die Koffer und kehrte zurück in seine Heimat am Rhein. Im Hocharbeiten ein Experte, feierte er in Düsseldorf neue Erfolge, etablierte sich. 35 Stücke inszenierte er mit bewährtem Eifer, in 19 Hauptrollen war er der Star, und vermutlich nur die engsten Freunde wußten, wie krank dieser Mann inzwischen

Kino-Abstecher ins Kommerzielle: Gründgens 1960 mit Lilo Pulver

war. Längst hatten ihn starke Seh- und Sprachstörungen regelmäßig zu Morphium greifen lassen.

Nach einer achtjährigen Spielzeit an der Stätte seiner Wiege folgte er einem Ruf nach Hamburg. Der ehemals so vitale Despot baute mehr und mehr ab. Häufiger packte ihn plötzlich das Fernweh. Reisen in die entlegensten Winkel der Erde verschafften seinen Leiden Linderung. Das tropische Klima Manilas schließlich aber wurde ihm zum Verhängnis. Offenbar an einer Überdosis Schlaftabletten starb Gustaf Gründgens am 7. Oktober 1963. Sein Reisegefährte und Freund kehrte allein nach Hamburg zurück, im Gepäck eine Urne.

Hermann Harry Schmitz

Killer-Staubsauger frißt Putzfrau

Jahrzehntelang vergessen und dann wieder entstaubt: Mit Hermann Harry Schmitz hatte das Düsseldorf der Jahrhundertwende einen Schreiber und Entertainer, der auf keiner größeren Party der Stadt fehlen durfte. Im Grunde todkrank, servierte der junge Autor seinem entzückten Publikum raffinierte Cocktails aus Satire und Katastrophen-Visionen, die immer für eine Gänsehaut gut waren. Heute heißt es in der Landeshauptstadt überraschenderweise wieder: »Harry up!«.

Man hätte Düsseldorf auf den Kopf stellen können. Nichts erinnerte bis Anfang der 80er Jahre an den Mann, der mittlerweile von seinen Verehrern als zweitgrößter literarischer Sohn der Stadt gefeiert wird. Keine Straße, kein Platz, nicht einmal ein kleines Denkmal. Hermann Harry Schmitz war offenbar vergessen, der einst so populäre Verfasser haarsträubender Grotesken und Satiren wird schlichtweg im Fluß der Zeit untergegangen sein. Schnee von gestern. Heute ist er wieder wer, dieser Hermann Harry Schmitz, und seine abstrusen Schriften erleben – derzeit noch beschränkt auf den deutschsprachigen Raum – eine wahre Renaissance.

Der Reihe nach: Die Suche nach einem gewissen Hermann Schmitz führt zurück in das Jahr 1880, genauer gesagt zum 12. Juni, dem Tag, an dem Herr Friedrich Schmitz im Stadtteil Oberbilk mit stolzgeschwellter Brust der Nachbarschaft die Geburt eines Sohnes vermeldete. Das freudige Ereignis war neben dem Sachverhalt als solchem für den Mann von hintergründiger Bedeutung, bot sich mit dem Stammhalter doch der zwingende Auftrag, die unerschütterlichen Werte eines preußischen Lebens der nächstfolgenden Generation zu vermachen. Als Offizier, der Siebzig/Einundsiebzig die Franzosen nach Kräften das Fürchten gelehrt hatte und im zivilen Leben das Dasein eines angesehenen Kaufmanns genoß, hätte Friedrich Schmitz den Stammhalter zum aufrechten Teutonen formen können.

Soweit sich Kindheit und Jugendjahre verfolgen lassen, wurde daraus von Anfang an nichts. Offenbar von der Mutter war dem empfindsamen jungen Hermann das kränkelnde Wesen vererbt worden; sieben Kinder hatte Caroline Schmitz zur Welt gebracht, vier von ihnen starben schon im Babyalter. Mit der militärischen Karriere war's also Essig, und auch in der Schule zeigte Schmitzens Filius kein übertriebenes Engagement. Fächer wie Naturwissenschaften, Deutsch und Geschichte sollen ihn halbwegs interessiert haben, in allen übrigen Disziplinen schlug er sich mit mittelmäßigen Noten durch.

Früh allerdings trat sein Hang zu völlig anderen Leistungsbeweisen zutage. Mit 14 Jahren verblüffte Hermann Schmitz die Bewohner des väterlichen Heimatdorfes in der Eifel mit einer spontanen Aufführung, bei der er sein Publikum – vorwiegend Bauern – mit geschickten Zauberkunststücken im Stil orientalischer Gaukler unterhielt. Solche Dinge waren es, die den sonst eher zurückhaltenden Knaben wirklich faszinieren und seine Phantasie fordern konnten.

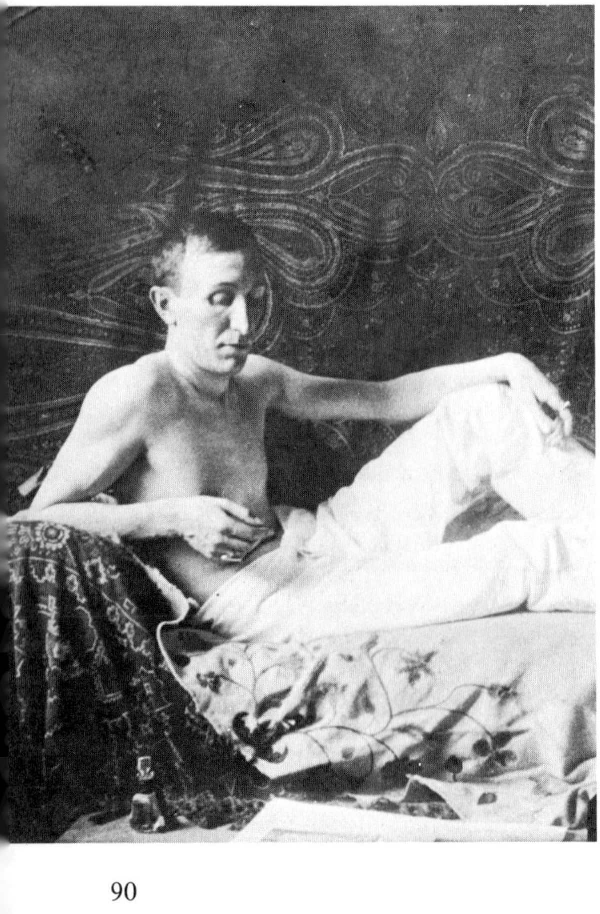

Der Partylöwe privat – ein Mann mit düsteren Visionen, geplagt von vielerlei Leiden

Mit 17 Jahren gibt Hermann Anlaß zu ernsten Sorgen. An einer schweren Lungentuberkulose erkrankt, ist an Schulbesuch oder neue Kunststücke vorerst nicht zu denken. Der Junge reist zur Kur über Paris und Marseille nach Korsika und kehrt einigermaßen gesundet wieder nach Düsseldorf zurück. Tatsächlich aber sollte er sich von dieser Krankheit nie mehr richtig erholen. Hermann Schmitz weiß um seinen Zustand und befaßt sich gemäß dem Rat eines französischen Spezialisten zeichnerisch mit dem Verfall des kranken Organs. Immer mehr sieht er sich dabei als Phänomen, als »etwas nie Dagewesenes: der Mann ohne Lunge«.

Friedrich Schmitz drängt den Sohn zu einer kaufmännischen Lehre in dem Betrieb, für den er selbst arbeitet. Lustlos absolviert Hermann die Ausbildung im Röhrenwerk, vertieft sich zwischendurch und nach Dienstschluß aber in eine andere Welt. Schriftsteller der Gegenwart finden seine Aufmerksamkeit, und mit den Büchern französischer und englischer Autoren eröffnen sich ihm gar gänzlich neue Perspektiven. Oscar Wilde, über dessen Tod in Paris gerade die Zeitungen berichten, inspiriert Schmitz sogar, eigene Gedanken zu Papier zu bringen. Er beginnt, recht schwülstige Episoden und Phantastereien zu verfassen und führt nach einiger Zeit ein fast perfektes Doppelleben.

Für seinen Gesundheitszustand erstaunlich, entwickelt er eine Vorliebe für Geselligkeit und große Feste. Dort hat er die Möglichkeit, im Mittelpunkt zu stehen, als Rezitator der eigenen Werke bei Veranstaltungen aller Art seine teils irrwitzigen Einfälle beklatschen zu lassen. Weil's chic klingt, legt er sich den zweiten Vornamen zu und wird bald zu einem Star des Abend- und Nachtlebens in Düsseldorf. Hermann Harry Schmitz ist gefragter Gast und charmanter Conferencier für jeden Anlaß, die schampusschlürfende Schickeria-Szene biegt sich, wenn er seinen hintergründigen Blödsinn zum besten gibt.

Bei einem solcher Anlässe taucht Victor M. Mai auf. Der Redakteur des »Düsseldorfer General-Anzeiger« schätzt die groteske Feder des jungen Mannes und bittet ihn, regelmäßig für das Blatt zu arbeiten. Seine gedruckten Beiträge verschaffen H.H.S. eine Popularität, die ihn zur Höchstform auflaufen läßt. Dabei verlassen seine bösen Satiren längst den Bereich des harmlosen Witzes. Die fortschreitende Technisierung in der Zeit der Jahrhundertwende liefert ihm unaufhörlich Stoff für immer fürchterlichere Visionen. Fast apokalyptische Ausuferungen ganz alltäglicher Ereignisse, die den Leser erst einmal schallend lachen und dann seine Nackenhaare sträuben lassen.

»Der Säugling und andere Tragikomödien« wird Schmitz' Erstling im Buchhandel. Nachdem auch die Satirezeitschrift »Simplizissimus« seine bisweilen ins Horrorhafte spielenden Attacken auf die Biedermeierwelt druckt, hat ihn der Verleger Ernst Rowohlt unter Vertrag genommen. Eine Auflage jagt die nächste, die Leser reißen sich um die detaillierten Vorahnungen vom ganz privaten Weltuntergang, der – so versicherte Schmitz todernst – im Prinzip jeden Augenblick vor der Tür stehen kann. Denn – Vorsicht! – die Katastrophen lauern im Hinterhalt. So skizziert Hermann Harry unter Hunderten anderer Fiktionen den hinterhältigen Anschlag eines Staubsaugers. Das Wunderwerk aus der Bastelstube der Industrialisierung reinigt zwar nicht die Wohnung, dafür frißt es das gesamte Inventar samt entsetzter Raumpflegerin, außerdem die Badewanne nebst dem zur Stunde darin befindlichen Onkel Willibald und droht schließlich sogar die ganze Stadt zu ertränken.

Dank einer Erbschaft kann Schmitz endlich den Job im Röhrenwerk aufgeben und nun ein Leben führen, das seinen Vorstellungen entspricht. Als Schriftsteller läuft ihm der Erfolg nach, als elegant gekleideter Salonlöwe mit dikken Ringen an beiden Händen steht er im Rampenlicht seiner Fans. Denen erzählt er von der Bühne herab Geschichten wie die von König Cheviot und dessen Besuch in der Irrenanstalt. Der Monarch hätte wohl besser aufpassen müssen: Während eines Tumultes bemächtigt sich

Stricknadel im Ohr: Briefkopf der »Hermann-Harry-Schmitz-Societät« mit Konterfei des Autors

ein an Größenwahn leidender Patient seiner Kleidung und verläßt gekrönten Hauptes und vom Volk bejubelt die Anstalt, während der echte Regent verängstigt in Unterwäsche unter dem Tisch kauert. Solch schwarzen Humor liebt das Publikum, und Schmitz hat in den folgenden Jahren nie Probleme, für Nachschub zu sorgen.

»Ich glaubte eine Form gefunden zu haben, habe mich aber getäuscht«, erkennt er auf dem Höhepunkt seiner Beliebtheit. Unvermindert von diversen Leiden geplagt, war das süße Leben offenbar nur eine unbeschwerte Form, mit den Krankheiten fertig zu werden. Der Humorist begreift, wie es wirklich um ihn steht. Nerven, Lunge und Blinddarm sind angegriffen, in Sanatorien und auf Operationstischen versuchen Ärzte ihr Möglichstes. Nun sind es ganz persönliche Katastrophen, die durch seinen Kopf geistern. In einem Brief an Freund Mai notiert er einige davon: »Als ich wach wurde, lagen neben mir auf dem Nachttisch acht abgebrochene Zähne, Fetzen Zahnfleisch, ein Viertel Lippe, ein Zäpfchen, ein halbes Ohr, ein Lappen Lunge.« In den folgenden Zeilen mutmaßt er – ganz Schmitz -, einen radikalen medizinischen Eingriff überstanden zu haben, gegen die die blutigen Gemetzel im Japanisch-Russischen Krieg wohl Blumenspiele gewesen sein müßten.

Er verfährt mit sich wie mit seinen Grotesken, verhöhnt den maroden Körper. Dann aber packt ihn doch die Angst. Schmitz sieht es vor sich: er als Insasse einer Anstalt, ein Mensch, der den Verstand und damit allmählich den Kontakt zur Welt verliert. So soll es nicht werden. Am 8. August 1913 telegraphiert Hermann Harry Schmitz an Mai: »Bin in sieben Himmeln.« Dann bringt er sich um. Grotesk: Tatsächlich sollten die Menschen ihn lange Zeit vergessen.

Daß es jedoch den schriftstellerischen Nachlaß betreffend kein Abschied für immer war, ist wohl vor allem den beiden Düsseldorfern Michael Matzigkeit und Bruno Kehrein zu verdanken, die das Gesamtwerk des Autors nach jahrelangen und mühevollen Recherchen Stück für Stück wieder ans Licht holten. Ein Engagement mit ernsten Folgen. Mehr als 75 Jahre nach seinem Tod nämlich wurde in seiner Geburtsstadt eine »Hermann-Harry-Schmitz-Societät« gegründet, die sich an einem Februarabend im Traditionslokal »Schumacher« schwor, »Wort, Werk und Wille« des Namensgebers fortan zu fördern.

Eine oberste Regel der Gesellschaft im Sinne ihres Titels: »Öffentliche Auftritte der Mitglieder nie ohne Zylinder!« Außerdem erwog man bereits den Entwurf eines Schmitz-Porträts für eine 42-Pfennig-Briefmarke; auf diese horrende Summe beläuft sich auch der Jahresbeitrag jedes Mitglieds. Hermann Harry Schmitz hätte zweifellos seine helle Freude am Eifer der Schmitzomanen gehabt, die jährlich die Verleihung eines Ordens für die »feinste hausgemachte Katastrophe« vorsehen und im übrigen untereinander die knappe Grußformel »Harry up« austauschen. Selbst in Düsseldorfs städtischen Amtsstuben wurde H.H.S. wieder ein Begriff – spätestens seit dort ein Antrag auf den Tisch flatterte, der die Umbenennung einer Straße in »Hermann-Harry-Schmitz-Sackgasse« forderte.

Jakobe von Baden

Die schöne Fürstin spukt durchs Schloß

Nicht, daß die Düsseldorfer abergläubisch wären. Trotzdem schließt man zu nächtlicher Stunde das Erscheinen der »weißen Frau« nicht aus, die Ende des 16. Jahrhunderts am Hofe des allmählich verblödenden Herzogs Johann auf mysteriöse Weise ums Leben kam. Stoff für einen Film: Das traurige Leben der Jakobe von Baden endete in einem Netz heimtückischer Intrigen um Erbschaft, Einfluß – und Eifersucht.

Es dürfte die so ziemlich aufwendigste Hochzeit gewesen sein, die die Stadt je erlebt hat. Zehn Tage lang schwelgten die Düsseldorfer – besser gesagt: die oberen 300 – in erlesensten Genüssen. Aufmärsche, Bankette und Ritterspiele – Herzog Wilhelm (Beiname »der Reiche«) hatte sich wirklich nicht lumpen lassen, die Eheschließung seines Sohnes Johann mit der schönen Jakobe von Baden in gebührendem Rahmen zu zelebrieren. Mit Verlaub, die Spitzen von Adel, Geistlichkeit und katholischer Partei dürften am Düsseldorfer Hof gelebt haben wie die sprichwörtlichen Maden im Speck. Ein verstohlener Blick auf die Speisekarte: Aufgetischt wurden unter anderem 113 ganze Hirsche, 370 Ochsen, 1579 Kälber und 2292 Hasen, was vielleicht gerade einmal die Hälfte des Fleisch-Angebotes ausmachte – zählen wir die mehr als 22 000 Vögel dazu, die zur Feier der Tage von ihrem irdischen Dasein Abschied nehmen mußten.

Nicht minder verschwenderisch das Rahmenprogramm, dessen monströses Feuerwerk (Motiv »Bestürmung der Hölle und Kampf des Herkules gegen die Hydra«) die Gesamtkosten der Feierei auf schätzungsweise 100 000 Taler getrieben haben mag. Sachlich gesehen, schnitt das Paar dabei gar nicht einmal schlecht ab. Neun große Tische wollen Beobachter im Schloß gesehen haben, beinahe völlig bedeckt mit Tausenden von Geschenken. Jeweils vom Teuersten, versteht sich.

Und auch die Braut haben sich die Hofberichterstatter damals ganz genau angesehen. Von »herrlicher Musica mit allerhand Instrumenten« begleitet, schritt die Markgräfin Jakobe durchs freudentaumelnde Palais, im kleinen Silberbrokatenen, besetzt mit Goldborten, eine güldene Krone auf dem hoch erhobenen Haupt. Die Ahnungslose. Der ihr soeben angetraute Gemahl, mit gerade 23 Jahren noch merklich jünger als seine Frau, war längst nicht mehr bei bester gesundheitlicher Verfassung.

Mit Ausnahme Jakobes wußte es fast der gesamte Adel: Johann Wilhelm zeigte bereits erste Anzeichen von Schwachsinn; eine verhängnisvolle Erbschaft, die in den Familien mütterlicher- wie väterlicherseits schon seit mehr als 100 Jahren relativ unbekümmert weitergereicht wurde. Ein Grund mehr, den Jungen hastig unter die Haube zu bringen. Anders kann man es wahrlich nicht nennen.

Wie es halt vor Jahrhunderten so Sitte war: Braut und Bräutigam wurden füreinander beschlossen, basta. Deutsch mußte sie sein, außerdem katholisch, und da die Auswahl entsprechender Kandidatinnen nicht gerade groß war, fiel das Los auf die hübsche Jakobe aus dem markgräflichen Hause Baden. Am 16. Januar 1558 geboren und zunächst lutherisch erzogen, war sie mit ihren drei Geschwistern nach dem Tod der Eltern am Hofe des Onkels, Herzog Albrecht von Bayern, zum Übertritt in die katholische Kirche angehalten worden und galt in der Tat als fromm und religiös. Das paßte manchem gut in den Kram, andere rümpften die Nase.

Keine Seifenoper aus amerikanischen Fernsehstudios könnte der Geschichte das Wasser reichen. Bis sich die Brautleute das erste Mal zu Gesicht bekamen, vergingen Jahre der Verhandlungen, gespickt mit Intrigen, Tricks und Winkelzügen. Zwischen Düsseldorf und München, in Wien und Madrid – von überall her beteiligte sich die Creme der politischen und/oder kirchlichen Würdenträger Europas an diesem Schachspiel, bei dem es galt, den ursprünglich einmal für den Bischofsstuhl in Münster vorgesehenen Johann in eine für sich möglichst vorteilhafte Position zu rücken. Und schließlich hatte auch der Kaiser noch ein gewichtiges Wörtchen mitzureden. Immerhin kam dem Fürstensitz im Rheinland und vor allem Düsseldorf als Landeshauptstadt des Herzogtums Berg eine entscheidende Rolle in der Gestaltung der religiösen und dynastischen Zukunft zu.

Spätestens mit dem plötzlichen Tod seines Bruders Karl Friedrich stand Johann im Mittelpunkt beinahe sämtlicher europäischer Machtinteressen. Und als sich die Verbindung zwischen dem Herzog in spe und der Prinzessin aus

Scherzbild der schillernden Jakobe von Baden, die unter rätselhaften Umständen ums Leben kam

dem deutschen Süden schließlich durchsetzte, war die Diskussion noch längst nicht beendet. Auch das gehörte damals zum guten Ton: Statt eines Rendezvous der beiden von höherer Stelle füreinander Bestimmten gingen Bilder auf die Reise, von München nach Düsseldorf und umgekehrt. Johann soll im Grunde recht angetan gewesen sein von dem eigens für diesen Zweck geschaffenen Porträt seiner künftigen Ehefrau. Von Jakobe wird berichtet, sie habe den jungen Mann nach einem etwas später von Delegationen beider Höfe arrangierten Treffen »wenigstens ohne Widerwillen aufgenommen«. Na bitte.

Bis sie selbst die ersten Merkwürdigkeiten an ihrem Gatten entdeckte, hatte man Jakobe den Knackpunkt dieser Hochzeit vorenthalten. Tatsächlich kam es nach kurzer Zeit an den Tag – Herzog Wilhelm von Jülich-Kleve-Berg kränkelte von Monat zu Monat mehr, und die gleichen Erscheinungen wie bei dem alten Herrn zeigten sich nun auch an seinem Sohn Johann. »Mit dem jungen Fursten stetts erbarmlich«, verkündete eine zeitungsähnliche Postille um 1590 der Adelswelt, deren rührende Anteilnahme nicht lange auf sich warten ließ.

Etliche Höfe schickten Beobachter an den Rhein – man wollte über die weitere Entwicklung im Bilde bleiben. Die verhängnisvolle Krankheit verlor keine Zeit. Nachdem der alte Regent nach – wie es heißt – vielen »Jahren im stillen Wahnsinn« das Zeitliche gesegnet hatte, schritt auch bei Herzog Johann »die ganz bedauerliche Blödigkeit« rasant fort. Übereinstimmend schilderten ihn Zeitzeugen als »beschwerlich und gefährlich«, kein Wunder: Urplötzlich preschte Johann bis zu den Zähnen bewaffnet durch die Gänge, ging auf Diener und Mitglieder des Hofstaates los und drohte, das Schloß anzuzünden. Nur durch Einsatz massiver Gewalt konnte der Fürst wieder eingefangen werden. Der Versuch, einen seiner Edelmänner zu erschießen, besiegelte kurze Zeit später sein Schicksal. Zum eigenen und zum Schutz der übrigen Schloßbewohner, verordnete man Johann strenge Sicherheitsverwahrung. Damit war gewissermaßen die Jagd auf die Macht im Lande und das Erbe der Wilhelms eröffnet.

Stände und Räte beider Konfessionen, die umfangreiche Verwandtschaft und auch der Kaiserliche Hof begannen gleichzeitig, ihre nach Düsseldorf gesponnenen Fäden zu ziehen. Dabei stand ihnen Jakobe, indem sie nach dem fast völligen Blackout ihres Gatten die Regierungsgeschäfte führte, natürlich im Weg. Nur eine kleine Schar Vertrauter blieb ihr noch treu, als die Übermacht der Widersacher sich ihren Weg an den Hof bahnte. Auch die zwischenzeitlich verstummten Kritiker der pompösen Hochzeit traten nun wieder in Erscheinung. Gegen die Fürstin mußte ein Mittel gefunden werden. Um jeden Preis.

Zu diesem Zeitpunkt taucht eine Frau auf, die für Jakobes weiteres Schicksal eine Schlüsselrolle spielen sollte – Johanns jüngste Schwester, Prinzessin Sybille. Die ledige Schwägerin kämpft mit Waffen, die keinen Zweifel daran lassen, daß es ihr nicht nur um den Nachlaß ihres kinderlosen Bruders geht, die vielmehr auch Ausdruck ihrer langjährigen Eifersucht auf die ansehnliche Jakobe sind. Sybille macht massiv Stimmung gegen die angeheiratete Badenerin und findet ihre Argumente vor allem im privaten und intimen Bereich. So kursieren mit einem Mal die haarsträubendsten Gerüchte über Jakobe, zudem zweifelt man öffentlich an ihrem Glauben.

Das Spießrutenlaufen findet seinen vorläufigen Höhepunkt in einer Klageschrift, die die Schwägerin und ihre ergebenen Landräte Kaiser Rudolf II. vorlegen. In über 90 Einzelartikeln ist darin detailliert nachzulesen, welch grober Vergehen sich Jakobe mit ihrem Lebenswandel schuldig gemacht und so den Namen Wilhelm entehrt habe. Vor allem der Vorwurf des fortgesetzten Ehebruchs taucht in dem Dossier immer wieder auf, darüber hinaus eine Auflistung wüster Orgien, die irgend jemand sogar beobachtet haben will. Unverbindliche Kostprobe: Ihrem Gemahl, so besagt die Schrift, habe Jakobe kleine Briefchen mit ominösem Inhalt in die Kleidung einnähen lassen und ihn auf diese Weise in den Wahnsinn getrieben. Und: Aus ihrem eigenen Blut, abgeschmeckt mit Kräutern und Kresse, habe sie Herzog Johann dämonische Speisen zubereitet, garniert mit geweihten Hostien. Blanker Unsinn, sicherlich, wenn auch wohl zutrifft, daß die lebenslustige Jakobe vereinzelte Techtelmechtel mit Herren vom Hofe hatte.

Zumindest reicht der Packen Papier aus, die Fürstin vorsichtshalber in den Kerker wandern zu lassen, während Seine Königliche Hoheit den Fall gründlich prüft. Die Chancen für Jakobes Ehrenrettung stehen nicht einmal schlecht; zu haltlos sind die meisten Anschuldigungen. Zu einem abschließenden Urteil indes kommt es nie: Am Morgen des 3. September 1597 finden Diener die Herzogin, die sich am Abend bei bester Gesundheit auf ihre Pritsche gebettet hat, tot auf. Eine Obduktion fördert augenscheinlich nichts Verdächtiges zutage, trotzdem sprechen spätere Quellen von Zeugen, die deutliche Spuren eines Strickes an der Kehle der Leiche gesehen haben wollen.

Es dauert nur Tage, bis die Gerüchteküche im ganzen Land nur so brodelt. Die Vermutung eines Meuchelmordes liegt zu nahe, um sie nicht hinter vorgehaltener Hand weiterzugeben. Vielerorts munkelt man sogar, die Herzogin sei auf Befehl des Kaisers standrechtlich enthauptet worden.

Der Fall bleibt ungelöst und damit für Historiker unvermindert von Interesse. Sogar Heinrich Heine machte sich in Versform Gedanken über das unerwartete Ableben der attraktiven Dame, die bis heute ein geschätztes Gesprächsthema für Gewitternächte ist. Noch Ende des 19. Jahrhunderts schworen Menschen, den Geist der Ermordeten nachts ruhelos durch die Gänge des Schlosses irren zu hören. Und es soll bis heute Düsseldorfer geben, die vom gelegentlichen Erscheinen einer »weißen Frau« felsenfest überzeugt sind. Nach Mitternacht natürlich.

Paul Henckels

Kleinbürger auf Lebenszeit

Eine hochschultrige, in sämtlichen Gelenken verbogene Gestalt.« Pressekritiken wie diese hat Paul Henckels gelesen, ohne sich auf den Schlips getreten zu fühlen. Fast 60 Jahre lang verkörperte der Komiker aus dem Rheinland auf Bühne und Leinwand hauptsächlich kleine belächelte Typen, und er wurde durch sie zu einem der ganz großen deutschen Menschendarsteller. Sein Kapital: Humor. Sein Schicksal: Nebenrollen.

Spaziergänger blieben wie angewurzelt stehen, die Enten im sommerlichen Düsseldorfer Hofgarten trollten sich, Unheilvolles ahnend, zurück in den Teich. Der junge Bursche auf der Parkbank wirkte irgendwie verrückt, die absonderlichen Laute, die er von sich gab, ließen auf die Schnelle keine andere Diagnose zu: »Mmmma, mmmmi, mmmmo, mmmmu«. Wenn das Mutter Henkkels gewußt hätte, die ihren Paul eigentlich zur Bewältigung der Hausaufgaben bei Freunden wähnte.

Erst kurz zuvor war man aus Köln weggezogen. Sohn Paul, seit dem 9. September 1885 Mitglied der Familie, hatte den Wohnortwechsel erwartungsgemäß gut bewältigt und in Düsseldorf schnell Anschluß gefunden. Die neue Clique verband eine große Leidenschaft: Gerade 17 oder 18 Jahre alt, hatten sie allesamt ihr Herz für die Schauspielerei entdeckt. Vor allem Paul Henckels war nicht zu bremsen, sein Berufswunsch stand bereits felsenfest, auch wenn die Mutter verfügt hatte, ihr Junge werde »etwas Anständiges« erlernen. Paul näherte sich seinem Ziel daher vorsichtshalber heimlich. Beispielsweise mit lautstarken Stimmübungen im Hofgarten.

Diese Lektionen hatte er im übrigen auch bitter nötig. »Er kräht wie ein Hahn«, befanden enge Freunde, darunter die späteren Autoren Hans Müller-Schlösser und Heinrich Spoerl, mit denen Henckels in Hinterzimmern von Gaststuben und auf kleineren Bühnen erste eigene Stücke aufgeführt hatte. Um seine Sprache zu trainieren und von störenden Nebengeräuschen zu befreien, war Henckels zu Hermann Heine gegangen, dem prominenten Darsteller am Düsseldorfer Stadttheater. Heine, ein Komödiant der alten Schule, gab dem jungen Mann regelmäßig Nachhilfestunden, die sich der Gymnasiast eigentlich gar nicht leisten konnte. Um das Honorar zu bezahlen, hatte er bereits sein kostbares Herbarium an einen Liebhaber verkauft.

Immerhin hatten die jungen Theaterfreunde damit fast einen Experten unter sich, der alle erlernte Kunst bei gemeinsamen Proben sofort zum besten und an seine Kollegen weitergab. »Sprich vorrrrne, vorrrrne«, wies Paul Henkkels fachmännisch an, wenn's mit den rollenden »R« mal wieder nicht richtig klappen wollte. Als erster aus der Runde machte er sich daran, seine Karriere in die Hand zu nehmen. Im Ensemble des alten Krefelder Stadttheaters hatten sie ihn als Schauspieleleven aufgenommen, der sich bei seinen ersten Schritten auf etablierteren Brettern dann in einem klassischen Drama wiederfand. Seine ehrenvolle Aufgabe: »das Volk verkörpern« und »Heil!« schreien.

Das erschien Paul Henckels etwas zu wenig, also bat er im Düsseldorfer Schauspielhaus um die Chance, seine Fähigkeiten als echter Charakterdarsteller vorführen zu dürfen. Hausherrin Louise Dumont wirkte leicht verwirrt, als Henckels begann, den Chor aus der »Braut von Messina« vorzusprechen, ihr Ehemann und Kollege Gustav Lindemann konnte ein Lachen gerade noch unterdrücken. »Sehr schön, mein Junge«, entschied die Theaterchefin nach einer kurzen Kostprobe, »wir wollen Sie für jugend-

lich-komische Rollen engagieren.« Bei der anschließenden Aufnahme in die Hochschule für Bühnenkunst beurteilte die allgewaltige Theaterfrau ihn als »kümmerliche Erscheinung«, jedoch mit »viel innerer Gestaltungskraft« und »unendlichem Fleiß und Liebe zur Kunst«.

Seine unverwechselbaren Attribute zeichneten den weiteren Weg vor. Wenn Paul Henckels auf der Bühne stand, gab er oft ein etwas groteskes Bild ab, schien beinahe ein wenig ungelenk. Häufig verursachte sein Auftritt zarte Lacher, noch bevor ein einziges Wort gesprochen war. Aber diese Gestalt erwies sich als jenes Holz, aus dem Typen geschnitzt werden. Liebenswert versponnen, voller Lebensfreude und ausgestattet mit gütigem Humor – solche Rollen waren es, in die Henckels wie in einen Maßanzug paßte und die er unvergleichlich glaubhaft darzustellen verstand. Einziger Wermutstropfen für den jungen Schauspieler: Charaktere dieser Art tauchten naturgemäß meist nur in Nebenrollen auf.

Henckels fand sich mit dem Dasein als Charge ab, lernte sein Handwerk von der Pike auf und wurde nach vielen Schauspiel- und Regieeinsätzen sogar Mitglied der Theaterleitung. Beachtliche Voraussetzungen, sich auch anderswo nach reizvollen Aufgaben umsehen zu können. Paul Henckels verließ Düsseldorf und gründete in Berlin das Schloßpark-Theater. Als Direktor des Unternehmens stand er ebenso oft auf der Bühne wie zuvor und sorgte mit Gastspielen in vielen Theatern von Berlin und Umgebung dafür, daß sein Name beim Publikum haften blieb. Es war nur eine Frage der Zeit, bis auch der Film nach einem Darsteller solchen Zuschnitts verlangte. Erstmals auf der noch stummen Leinwand zu sehen war er 1923 in dem Volksstück »Das Geheimnis von Brinkenhof« – natürlich in einer Nebenrolle. Etwas ausführlicher konnte sein Talent wenige Jahre später in »Staatsanwalt Jordan« hervortreten.

Und schließlich kam der Tag, von dem an Kritiker ihn nicht mehr nur in hübschen Nebensätzen erwähnten. Die Gabe, simpel erscheinende und dabei überaus komplizierte

Paul Henckels und Kollege Hans Albers in »Der tolle Bomberg«

Charaktere präzise in Szene zu setzen, fand endlich ausreichend Würdigung. »Köstlich«, lobte eine Tageszeitung Henckels' erste Hauptrolle in »Flachsmann als Erzieher«. Ein widerwärtiger Kerl, dieser Flachsmann, aber Henkkels, so frohlockte das Blatt überschwenglich, lasse durch die ekelhafte Fratze der Titelfigur das Menschliche durchleuchten.

Unverkennbar in allen Rollen war der rheinische Akzent das Markenzeichen von Paul Henckels. »Es ist Düsseldorfer Luft in den Szenen«, beobachtete ein anderer Kritiker dann auch, als Henckels sein Debüt als Regisseur im Tonfilm gab. Die Kunst war noch jung, und Henckels hatte sich als Gesellenstück Hans Müller-Schlössers »Schneider Wibbel« ausgesucht und sich selbst mit der Hauptrolle bedacht. Was er nicht wußte: Das Volksstück, dessen Titelfigur er schon bei der Uraufführung im Düsseldorfer Schauspielhaus dargestellt hatte, sollte durch seine Hilfe so populär werden, daß er es fast 50 Jahre lang auf allen Bühnen Deutschlands spielen mußte. Der »Wibbel«, das war Henckels.

Der Mann, so betrachtete man es später einmal soziologisch, verkörperte in idealer Weise den Kleinbürger, der den einmal erworbenen Status verteidigt, gleichzeitig aber nach mehr, nach Höherem schielt. Gepaart mit den naturbedingten Eigenschaften eines Paul Henckels eine Mischung, die gelungene Unterhaltung versprach. Dennoch blieben weitere Hauptrollen zunächst aus, und nicht zuletzt die politische Entwicklung mochte den Rheinländer bewogen haben, sich vorerst ganz vom Film zu verabschieden. Verheiratet mit der Jüdin Thea Grodtczinsky, geriet Henckels immerhin in ständig größeren Konflikt mit dem Nazi-Staat. Da erwies sich ein alter Kollege als äußerst hilfsbereit: Gustaf Gründgens, einst sein Lehrer am Düsseldorfer Schauspielhaus und jetzt Theaterintendant in der Reichshauptstadt, konnte letztlich bewirken, daß die neuen Machthaber den Schauspieler und seine Frau in Ruhe ließen.

Dafür zeigte Henckels sich kooperativ, als es galt, Propaganda griffig unters Volk zu bringen. Er übernahm Rollen in dem HJ-Film »Junge Adler« und dem ähnlich angelegten Parolenstreifen »Kolberg«, was als Tribut an die Zeit möglicherweise auch wieder die Tür für andere Produktionen öffnete. In der »Feuerzangenbowle«, ein Jahr vor Kriegsbeginn gedreht, sah man Henckels dann an der Seite von Heinz Rühmann als kauzigen Professor Crey, der in tausendfach belachte Bedrängnis gerät, indem er seinen »Schölern« anhand einer praktischen Heidelbeerwein-Verkostung im Chemiesaal das Prinzip der alkoholischen Gärung nahezubringen versucht. Man weiß, wie's endet.

Figuren wie der gute Onkel oder leicht senile Träumer verfolgten Paul Henckels, und sie holten ihn um so mehr ein, je älter der Mime wurde. Selbst in den wenigen Rollen, die ihn negative Zeitgenossen wie den Erpresser in »Der Biberpelz« vorführen ließen, förderte er bemitleidenswerte, fast schon sympathische Züge des Menschen zutage. Das Klischee bestimmte auch seine ersten Besetzungen in Arbeiten des deutschen Nachkriegsfilms. Die »Affäre Blum« und die »seltsamen Abenteuer des Herrn Fridolin« verschafften ihm ein gelungenes Comeback, als die Menschen mit dem Wiederaufbau auch den Humor wiederentdeckten. Die Person Paul Henckels stand für heitere Augenblicke in der illusionären Welt des Kinos, wenn auch nicht durchweg zum Lachen, so doch unweigerlich und immer wieder für ein Schmunzeln. Noch mit fast 70 Jahren zog es Henckels neben seiner Bühnenarbeit vor die Kamera, zu Rollen in »Der fröhliche Weinberg« oder als Mitstreiter von Hans Albers in »Der tolle Bomberg«. In Erinnerung geblieben ist der Düsseldorfer auch durch »Das Bad auf der Tenne«.

Henckels' Erfolg mag zugrunde liegen, daß man ihm die jeweiligen Typen getrost abkaufen konnte. Die Philosophie, vieles leichter zu nehmen, als es sich in der Realität darstellte, war seine eigene, und ihre Verkörperung bedurfte keiner Probe. Fast 150 Filme, zahlreiche Rundfunkarbeiten und schriftliche Anekdoten belegen diese lebensfreudige Grundhaltung, die natürlich nur allzu gerne auf die rheinische Abstammung zurückgeführt wird. Den Abschluß seiner künstlerischen Arbeit markiert eine Auszeichnung, die er als 77jähriger erhielt: Fast zeitgleich mit der Verleihung des Bundesfilmpreises endete die aktive Ära Henckels'; fünf Jahre später, am 27. Mai 1967, starb der Charakterkomiker, dem nur gelegentlich das Glück einer Hauptrolle zufiel.

Friedrich Gerst

Herr Pastor, Sie sind ein Schelm!

Düsseldorfs Antwort auf Don Camillo hieß Friedrich Eduard Gerst und war außerdem zuerst da. Um das Leben und Wirken des »Pastor Jääsch« ranken sich unzählige Humoresken, die den trinkfesten Ex-Schreinergesellen und späteren ersten Gefängnisseelsorger der Stadt zu einem echten rheinischen Original machen. Die angesehenen Gemeindemitglieder und die kleinen Gauner hinter Gittern – Gerst sprach sie alle gleich an: op Platt.

Der sonntägliche Kirchenbesuch wurde zu einer kleinen Sensation. Kein Hörfehler: Der schwarzgewandete Mann da oben auf der Kanzel sprach bestes Düsseldorfer Platt – das hatte die Gemeinde noch nicht erlebt. Das Gemurmel in den Bankreihen verebbte allmählich, dieser neue Geistliche machte zumindest neugierig. Friedrich Eduard Gerst predigte Klartext, er rüffelte und rügte seine Schäfchen, daß vereinzelte Gläubige nicht weit davon entfernt waren, rote Ohren zu bekommen. Aber seltsam: So heftig der Herr Pastor seinem Ärger über das Alltagsverhalten einiger Gemeindemitglieder auch Luft machte, klang es doch nie ernsthaft böse. Nicht einmal, wenn er wieder mal den Gottesdienst polternd schloß: »Bessert euch! Amen.«

Anders als mancher bisherige Geistliche nahm Gerst seine Schäfchen recht schonungslos ins Gebet. Die einfache Sprache des Mannes auf der Straße erzielte dabei eine faszinierende Wirkung. Wie sehr der Gottesmann auch wettern mochte – in Platt hatte es sogar noch etwas Liebenswertes, einen fast zärtlichen, familiären Klang. Dabei lag diesem Verhalten keinerlei Berechnung zugrunde. Friedrich Eduard Gerst redete, wie ihm der rheinische Schnabel gewachsen war, was seiner Karriere keinerlei Abbruch tat. Sprache, Schlagfertigkeit und ein gesunder Mutterwitz prägten das Wesen eines Menschen, der Düsseldorfs erster hauptamtlicher Gefängnisseelsorger werden sollte. Und eines Originals, um dessen Leben sich heute unzählige Schwänke und Schnurren ranken.

»Pastor Jääsch« – um im Dialekt zu bleiben – war ein Spätzünder. Es muß ziemlich komisch gewirkt haben, als der 20jährige eines Tages zwischen den Sextanern im Gymnasium Platz nahm, um im Hinblick auf den Priesterberuf das Abitur nachzuholen. Geboren am 17. November 1805 als sechstes Kind einer Familie, deren männliche Stammhalter für gewöhnlich der Fuhrmannsgilde treu blieben, tanzte der junge Friedrich Eduard etwas aus der Reihe, indem er nach der Volksschule eine Schreinerlehre absolvierte. Was ihn bewog, als Geselle den Hobel dann doch beiseite zu legen und erneut die Schulbank zu drücken, ist unklar.

Mit knapp 35 Jahren wurde er zum Priester geweiht. Vier Jahre lang war Gerst in verschiedenen Pfarreien des Bergischen Landes als Kaplan tätig, bevor er sich um die Stelle des Geistlichen im Düsseldorfer Arresthaus bewarb. Ein völlig neuer Posten, der nicht zuletzt dank der Initiative des evangelischen Geistlichen Theodor Fliedner und der von ihm gegründeten Rheinisch-Westfälischen Gefängnisgesellschaft geschaffen worden war.

Und Pastor Jääsch verstand es auf derbkameradschaftliche Art glänzend, seinen »Kunden« begreifbar den richtigen Kurs zu vermitteln. »Geliebte Gemeinde und Halunken . . .«, pflegte er – selbstredend auf Platt – seine Andachten im »Strafhotel« zu eröffnen. Die Herren Spitzbuben dankten's auf ihre Weise, wie noch heute in einem alten Jahresbericht über die ersten Amtsjahre Gersts nachzulesen ist: »Fleiß und Ruhe nahmen zur Verwunderung und Freude der Beamten zu.« Zweimal in der Woche bat der Seelsorger seine sündigen Schäfchen zur Morgenandacht, sonntags las er die Heilige Messe, erteilte den jüngeren Delinquenten Religionsunterricht und stand den Inhaftierten – begleitet von einem Wärter – darüber hinaus regelmäßig in Einzelsprechstunden unter sechs Augen zur Verfügung.

Daß der Knast von damals mit dem modernen Strafvollzug kaum etwas gemein hatte, versteht sich von selbst und mag die seelsorgerische Notwendigkeit jener Zeit und ihre Schwierigkeiten am ehesten verdeutlichen. Wie die meisten Institute dieser Art war auch das »Königliche Arresthaus und Correktionsanstalt« kein Ort, der automatisch zur Veränderung eines Charakters beitrug. In Sälen schliefen bis zu 100 Gefangene auf notdürftig bedecktem Boden und hatten dabei sogar mehr gegen Pilze und Ungeziefer als gegen die Enge anzukämpfen. Beschäftigung gab es keine, die Verpflegung galt schon damals als schiere Katastrophe. Die Annahme, daß derlei Zustände vielleicht manchen Eierdieb zum richtigen Gangster werden ließen, ist daher wohl kaum aus der Luft gegriffen.

Ob kleiner Ganove oder routinierter Straßenräuber – Friedrich Gerst behielt Mitglieder seiner Spezialgemeinde auch weiter im Auge, wenn sie das stets hoffnungslos überfüllte Kittchen wieder verlassen hatten. Draußen in der Freiheit brauchten sie ihn erst recht, um ihren Weg zu finden. Ein Vertrauter wie dieser war von unschätzbarem Wert.

Aber Gersts Wesen beschreiben am einleuchtendsten die zahllosen Anekdoten, die ob ihrer Menge sogar in zwei Büchern festgehalten wurden. Manche von ihnen mögen bei der Überlieferung ausgeschmückt worden sein, viele Geschichten aber werden von den unterschiedlichsten Quellen so übereinstimmend geschildert, daß man sie getrost glauben darf.

Wie diese: Daß der kontaktfreudige Pastor Jääsch geistigen Getränken nicht abgeneigt war und vor allem ein gutes Glas Wein nicht verschmähte, versteht sich von selbst. In gemütlicher abendlicher Runde schwor man in Düsseldorf auf seine Anwesenheit, die nicht nur reichlich Gesprächsstoff, sondern auch rheinische Heiterkeit garantierte. So zählte er zu den Stammkunden beim Künstlerverein Malkasten, wo man sich häufig vor Lachen bog, wenn der Pastor mit an der Tafel saß. Das mag einem unbekannten Christen ein Dorn im Auge gewesen sein. Einem anonymen Hinweis folgend, hatte Seine Eminenz, der Erzbischof von Köln höchstselbst, den Gefängnis-Seelsorger in die Domstadt beordert, um im persönlichen Gespräch dem Verdacht übermäßigen Alkoholkonsums auf den Grund zu gehen. Gerst traf unpünktlich, nämlich viel zu früh in Köln ein und marschierte zwecks akzeptabler Nutzung der verbleibenden Zeit zielstrebig in eine Gaststätte am Hauptbahnhof. Hier genehmigte er sich genußvoll einen guten Tropfen und saß schließlich seinem Chef gegenüber. Der gewann in der nachfolgenden Plauderei zwar einen recht positiven Eindruck seines Mitarbeiters, stutzte aber, als er auf dem Hemd des Gegenübers einen frischen Weinfleck erspähte. Ob der denn nicht zufällig vom Trinken komme, fragte der Bischof mit herausforderndem Blick. Pastor Jääsch parierte blitzschnell und typisch: »Dat kömmt nit vom Drinke, dat kömmt vom Schlabbere.«

Glaubhaft überliefert ist auch eine Episode, die ebenfalls einem Denunzianten aus der Gemeinde zu verdanken ist. Gerst – so lautete diesmal die Beschwerde an den Erzbischöflichen Stuhl – habe in der Vergangenheit fünfmal die gleiche Predigt gehalten. Das reichte, um den Priester vor dem versammelten Kirchenvorstand antreten zu lassen. Gerst brauchte keine Entschuldigung. Nachdem der betreffende Klagebrief laut verlesen war, blickte der Geistliche gelassen in die honorige Runde. Ob denn einer der Herren freundlicherweise den Inhalt der besagten Predigt kurz wiedergeben könne, wollte er wissen. Das lang anhaltende Schweigen der Kirchenvorständler sprach für sich. Höflich verließ Gerst den Raum – nicht ohne anzukündigen, daß man sich des Themas dann wohl am kommenden Sonntag ein sechstes Mal annehmen müsse. »Tschö zesammen.«

Nie um die passende Antwort verlegen, bleibt dieser Pastor Jääsch den Düsseldorfern heute als liebenswerter und komischer Kauz in Erinnerung. Gerne hat man ihn auch als Prototyp des Rheinländers etikettiert. Die »Geerschtiaden« aber sind nicht das einzige Vermächtnis des so populären Priesters. Auch ein Volksstück, das 1936 uraufgeführt wurde, befaßt sich mit Leben und Wirken des Geistlichen, der sich im hohen Alter geweigert haben soll, freiwillig sein Amt niederzulegen. Mehrere Quellen berichten, er sei daher zwangspensioniert worden.

Die letzten beiden Lebensjahre verbrachte Friedrich Gerst – schwerhörig und an Wassersucht erkrankt – in einem Kloster, wo er während einer Choleraepidemie am 13. September 1867 starb. Scharen von Bürgern folgten beim Begräbnis dem Sarg eines Mannes, der für Düsseldorf vielleicht eine Art Don Camillo war. Ein ganz kleiner.

Leo Statz

Widerstand unter der Narrenkappe

Statz hat's – das wußte in Düsseldorf fast jedes Kind. Kaum jemand verstand es wie er, die Massen in seinen Bann zu ziehen, wenn es darum ging, zünftigen rheinischen Karneval zu feiern. Sein Markenzeichen: die spitze Zunge. Als Präsident aller Vereine nahm er kein Blatt vor den Mund, auch nicht, als plötzlich die Nazis bestimmten, wer wann und wo – und vor allem: über wen – lachen durfte. Ein jecker Schlager ließ die braunen Machthaber aufmerksam werden. Düsseldorf schunkelte, und die Akte Statz wurde dicker und dicker. Ein Denunziant besorgte den Rest. Und der berüchtigte Richter Roland Freisler entschied: Zersetzungspropaganda – Todesstrafe!

Heute gehört uns Deutschland und morgen die ganze Welt!« – Leo Statz sträuben sich die Nackenhaare. Lauter denn je schmettert die Waffen-SS in jenen Kriegstagen des Jahres 1943 ihre Parolen. Schwarzer Rauch hängt nach den letzten Bombennächten an vielen Stellen über dem Rheinland, als der Direktor der Birresborner Mineralbrunnengesellschaft im Zug nach Trier sitzt, unterwegs zu einem geschäftlichen Termin. Unter den Mitreisenden entdeckt er eine Reihe übernächtigter Menschen, beladen mit Säcken und Bettbezügen, in denen sie ihre aus den Trümmern geretteten Habseligkeiten zu Freunden und Verwandten transportieren, deren Häuser noch bewohnbar sind. »Die ganzen Städte schlagen sie kaputt«, ruft jemand verzweifelt.

Statz starrt betrübt aus dem Fenster. Aus der rheinischen Frohnatur ist ein immer häufiger ernster und nachdenklicher Mann geworden. Der beliebte Präsident der Düsseldorfer Karnevalsvereine, bei zahllosen Veranstaltungen Wortführer in Sachen Humor, ist gerade dabei, das Lachen zu verlernen. Selbst ausgebombt, ahnt er, wie den meisten in diesem Zug zumute ist. Mitleid mischt sich mit Wut. Und die hat er schon oft 'rausgelassen; als einer der führenden Köpfe in der Düsseldorfer Brauchtumspflege findet er dafür ein Publikum. Die meisten Heimatvereine sind den braunen Machthabern ein Dorn im Auge.

Statz denkt zurück an die letzten Jahre, die die Trennung von der Familie brachten. Beim zweiten Luftangriff auf Düsseldorf brannte die Wohnung in der Kronprinzenstraße völlig aus. Seine Frau Mia und Sohn Günther zogen zurück in das Elternhaus nach Rhede, Statz selbst kommt bei seinem Freund, Vereinskollegen und späteren Biographen Dr. Rudolf Predeek unter.

Sein Hang, die Dinge beim Namen zu nennen, hat ihm bereits reichlich Ärger eingebracht. Da war zunächst einmal die Sache mit diesem Karnevalsschlager. »Sei nicht zaghaft, zimperlich, duze, duze, duze mich!« hatte Leo

Düsseldorfs Karnevalisten hatten in Leo Statz einen Präsidenten, der kein Blatt vor den Mund nahm. Schon gar nicht den Nazis zuliebe

getextet, und die Besucher der Festsäle hatten es hundertfach begeistert gesungen. Die nationalsozialistische Kreisleitung aber witterte die Verunglimpfung eines befreundeten italienischen Staatsmannes und setzte den Hit auf den Index. Vergebens. Düsseldorf feiert trotz des Krieges, man lacht und singt – am liebsten dieses eine Lied. Das reicht.

Die Akte Leo Statz wird dicker. Der Chef der Düsseldorfer Narren, am 17. Juli 1888 in Köln geboren, ist als Vetter des bei der Röhm-Affäre in Berlin erschossenen Ministerialdirektors Dr. Erich Klausner ohnehin verdächtig. Ein knapper Vermerk bestätigt den Nazis ihre bisherigen Vermutungen: »Treibt Opposition gegen Kreisleitung und Gauleitung. Ist als Präsident der Düsseldorfer Karnevalsvereine nicht mehr zu dulden.«

Das ist deutlich. Dennoch nimmt Statz auch künftig kein Blatt vor den Mund, weder unter der Narrenkappe, noch in Zivil. »Die Braunen haben es leicht mit uns«, empört er sich in einem der abendlichen Gespräche mit Predeek. »Wir haben keine Courage. Eine Straßenbahnuniform bringt in Deutschland einen ganzen Wagen voller Menschen zum Strammstehen.« Zur zweiten direkten Auseinandersetzung mit der Obrigkeit kommt es bei einem Stiftungsfest der »Düsseldorfer Jonges«: Nachdem der Gauleiter die Heimatfreunde mit deutlichen Ausführungen über das eine, das Deutsche Reich penetriert hat, besteigt Leo Statz das Podium. Höflich, aber unmißverständlich nimmt der Ober-Karnevalist die gerade gehörte Rede Stück für Stück auseinander.

Mut und/oder Alkohol – nach der Ankunft in Trier nimmt das Verhängnis seinen entscheidenden Lauf. Ein Angestellter seines Betriebes holt ihn vom Bahnhof ab, gemeinsam will man zunächst dem Kantinenwirt der dortigen Kaserne zum Namenstag gratulieren. Bier und Schnäpse zur Feier des Tages lösen Hemmungen und Zunge. Zwei Feldwebel setzen sich mit an den Tisch, beide mit dem Eisernen Kreuz dekoriert, der eine verwundet. »Wofür laßt Ihr euch denn die Knochen zerschießen?«, entfährt es Leo Statz. »Das tut Ihr doch nur für den Einen.« Keine Frage, jeder am Tisch weiß, wer gemeint ist. Die Uniformierten sind entrüstet, springen auf und wollen gehen. Der eifrige Statz-Mitarbeiter aber eilt hinterher, um zu vermitteln. »Alles erledigt«, berichtet er anschließend.

Doch die Angelegenheit ist keineswegs bereinigt. Wenige Wochen nach dem Vorfall wird Statz von der Gestapo verhaftet. Man bringt ihn von Düsseldorf nach Trier, dann nach Berlin. Erst nach 24 Tagen im Gefängnis erhält er die Anklageschrift – drei Tage vor der Gerichtsverhandlung. Der Wehrkraftzersetzung und Feindbegünstigung wird er beschuldigt, Zeuge der Anklage ist – Statz glaubt es kaum – sein Angestellter. Der zitiert Statz vor dem Obersten Volksgerichtshof mit dem Ausspruch »Ihr laßt euch draußen die Knochen zerschießen und wißt nicht wofür. Sie sind beinlos nicht für Deutschland, sondern für Adolf Hitler.« Und er erklärt: Betrunken sei Statz an diesem Tag nicht gewesen, außerdem habe er solche Reden im Betrieb schließlich recht häufig geführt.

Andere Aussagen, wie die des Freundes Rudolf Predeek, werden vom Gericht mitten im Satz unterbrochen. Über den Charakter des Angeklagten hat sich der berüchtigte Richter Roland Freisler ohnehin schon sein eigenes Bild gemacht. Eine seiner ersten Fragen an Statz: »Sie hatten Ihre Ausbildung bei einem Juden, nicht wahr?«

Nach drei Stunden hat die Farce ein Ende. Im »Namen des deutschen Volkes« wird Leo Statz wegen Zersetzungspropaganda zum Tod verurteilt. Bis ihn die Wärter am 1. November 1943 zur Vollstreckung des Urteils aus der Zelle holen, kritzelt Statz mit gefesselten Händen noch einen langen Abschiedsbrief an seine Frau Mia. »Sie kommen mich holen«, ist der kaum noch zu entziffernde letzte Satz. »Ade. Und gelobt sei Jesus Christ. Leo.« Wenig später stirbt er durch die Hand des Henkers.

Karl Immermann

Der Richter, ein Dichter

Münchhausen kennt jeder. Allerdings: Die Abenteuer des sagenhaften Lügenbarons sind nur ein kleiner Bruchteil des Gesamtwerks von Karl Immermann, der einst auf den Brettern, die in Düsseldorf die Welt bedeuten, für frischen Wind und Wirbel sorgte. Daß sein Traum einer Theaterreform wie eine Seifenblase platzte, lag – wie so oft – am Geld.

Karl Immermann war beeindruckt. Erst vor wenigen Tagen umgezogen, machte er seiner Begeisterung über den neuen Wohnsitz in einem ausführlichen Brief an den Bruder Ferdinand Luft. »Lustig und heiter« sei die Atmosphäre in diesem 16 000 Seelen zählenden Düsseldorf, und auf den ersten Blick anscheinend frei von Sorgen. »Das Volk baut hier Häuser, ohne einen Pfennig Geld, schwatzt den Mond vom Himmel«, beschrieb der damals 31jährige seine ersten Eindrücke, ». . . und in den Wirtshäusern sitzen Prinz und Graf neben Schneider und Schuster.« In solcher Umgebung sollte es sich wohl auch für einen frischgebackenen Landgerichtsrat angenehm leben lassen. Ein Flair wie dieses hatten ihm die bisherigen Stationen seines Lebens offenbar vorenthalten, obwohl bereits Kindheit und Jugend von starken Kontrasten bestimmt waren.

Die Mutter ist 18, der Vater 45 Jahre alt, als Karl Leberecht Immermann am 24. April 1796 im kleinen Städtchen Magdeburg geboren wird. Ein Pärchen, wie es unterschiedlicher kaum sein kann: sie die Güte in Person, er als hoher Beamter im Rang eines Kriegs- und Domänenrates von einer Strenge, die dem Sohn bei der Bestimmung seiner Zukunft wenig Wahl läßt. Karl Immermann studiert Jura in Halle und Münster und nimmt artig am Krieg teil, als Deutschland sich im Frankreichfeldzug gegen Napoleon auflehnt. Der junge Preuße kämpft unter anderem in Waterloo und unterscheidet sich wenig von den übrigen Jünglingen seiner Generation. Zum Bruch aber kommt es, als er während seines Studiums mit der Studentenverbindung »Teutonia« aneinandergerät. Deren roher Ehrenkodex ist Immermann unverständlich, und eine erste kritische Schrift wird seine Antwort auf die Mißhandlung eines Freundes, der sich geweigert hatte, an einem Duell teilzunehmen. Während des Wartburgfestes wird sein Werk von der Burschenschaft öffentlich verbrannt. Gut zehn Jahre gehen ins Land, in denen Immermann die juristische Laufbahn weiterverfolgt, gleichzeitig aber sein

Immermann kämpfte gegen das konservativ-verstaubte Theater – die »alternde Kokotte«, wie er sagte

schriftstellerisches Talent unter Beweis stellt und eine ganze Reihe von Arbeiten veröffentlicht, darunter erste Gedichte und den Roman »Das Papierfenster eines Eremiten«. Bei seiner Ernennung zum Landgerichtsrat im fröhlichen Düsseldorf gilt er gleichermaßen als anerkannter Jurist und überaus talentierter Schriftsteller, dessen erste Gedichte sogar Heinrich Heine faszinieren. Ein dauerhafter Briefwechsel zwischen den beiden beginnt.

Es dauert nicht lange, bis die anfängliche Begeisterung für die Stadt in Skepsis, mitunter sogar Abscheu umschlägt. Ferdinand Immermann erhält von seinem Bruder bald weitere Post mit Erkenntnissen wie diesen: »Düsseldorf ist eine so ungebildete, in Wein und Oberflächlichkeit versunkene Rheinstadt.« Und überhaupt, der Rheinländer sei eine ganz wundersame Figur. Immermann: »Er lebt wie ein vergnügtes Kalb in den Tag hinein und will nicht mehr seyn als er ist.« In einem anderen Brief liest es sich noch deutlicher: »Das Rheinvolk ist eine eitle, leere, nach außen gekehrte nichtsnutzige Bande.« Harte Worte. Dabei weiß Immermann die Toleranz der Düsseldorfer durchaus zu schätzen. Obschon gewisse Kreise hinter vorgehaltener Hand die Nase rümpfen, nimmt man seine »wilde Ehe« mit Elisa von Ahlefeldt hin. Schon in der Studentenzeit entsponn sich das Verhältnis mit der verheirateten Gräfin, die sich schließlich von ihrem Mann scheiden ließ, Immermann folgte und mit ihm sogar nach Düsseldorf zog. Eine Heirat aber, so sehr der Partner auch darauf drängt, kam für sie nicht in Frage.

Das Paar läßt sich auf Gut Collenbach nieder, wird nach einer Weile vollends gesellschaftsfähig. Vor allem zur Künstlerszene entwickeln sich Kontakte, der fruchtbarste gipfelt in der Freundschaft Immermanns mit Akademiedirektor Wilhelm von Schadow. »Daß ich diesen guten Mann getroffen habe, ist für mich ein wahres Glück«, schreibt Immermann, »ich würde mich sonst in geistiger Hinsicht hier sehr verwaist fühlen.« Für den schreibenden Juristen aus Magdeburg soll Düsseldorf die wichtigste Station seines Lebens werden. Der Landgerichtsrat gibt bedeutende Impulse für Veränderungen im kulturellen und gesellschaftlichen Leben der Stadt. Bei der Gründung des »Kunstvereins für die Rheinlande und Westfalen« steht Immermann Pate, noch bedeutsamer aber ist sein Engagement für die Zukunft des Theaters. Als man seitens der Stadt beschließt, die bestehende marode Bühne im alten Gießhaus des Bildhauers Grupello zu sanieren, ist der Autor mit seinen Freunden prompt zur Stelle. Eine Reform des Bühnenwesens scheint ihnen zwingend notwendig; weder Privat- noch verbeamtetes Hof-Theater – nein, ein Theater der Bürger soll in Düsseldorf entstehen, und wichtiger Schritt in Richtung dieses »Stadttheaters« wird der von Immermann ins Leben gerufene Theaterverein. Eine Art Aktiengesellschaft, deren Anteilseigner mit ihrem persönlichen Einsatz das Unternehmen finanziell stützen. Soweit die wirtschaftliche Seite.

Noch entscheidender jedoch soll sich das künstlerische Management wandeln. Karl Immermann prägt den Begriff der »Musterbühne« – ein abenteuerliches Vorhaben, wie er unumwunden eingesteht. Mit Hilfe von Maler- und Kunstverein will er den »Direktor und die Truppe in die Schule und Zucht nehmen« und beginnt kurz darauf selbst mit einer ersten Regiearbeit. »Emilia Galotti« nach Lessing und Kleists »Prinz von Homburg« beweisen dem Publikum: Immermann liegt mit seiner Idee richtig, das Düsseldorfer Theater ist auf erfolgversprechendem Weg. Auf königliches Geheiß hin darf der Reformer seine Richterrobe in den Schrank hängen. Immermann wird Intendant und Düsseldorf eine Wallfahrtstätte des neuen, eines echten Theaters. Aus einer Kritik: »Nicht mehr vernahm man von der Bühne das gewohnte Donnern und Wüten, das Lispeln und Schmachten, nicht setzte der Darsteller sich selbst in Szene. Jeder sprach und spielte, von Immermann geschult, natürlich und echt, nur

Wilhelm von Schadow unterstützte Immermann bei dem Versuch, das deutsche Bühnenwesen zu sanieren

dem Sinne der Dichtung gemäß.« Der Jubel in Düsseldorf ist überwältigend, und in ganz Deutschland stößt das Experiment des doch eigentlich Branchenfremden auf Zustimmung.

Der Erfolg lockt weitere Künstler an den Rhein. Felix Mendelssohn-Bartholdy übernimmt an der neuen Bühne das Amt des Musikdirektors und Operndirigenten, der Dichter Christian Dietrich Grabbe findet in Immermann einen väterlichen Freund. Doch die Zusammenarbeit mit dem Theaterleiter erweist sich offenbar als schwierig. Beide, der Musiker und der Dichter, verlassen Düsseldorf nach einer Weile wieder, zuvor hat sich Immermann bereits im Streit von Schadow getrennt. Der Verlust des Freundes trifft ihn hart, und echte Ablenkung gibt ihm einzig die Fortführung seiner Reformideen. Die gespreizte Rhetorik ist passé, eine harmonische Ensemble-Arbeit hat das pathetische Treiben des traditionellen Theaters abgelöst. Immermann gelingt es, Sprache in ihrer tatsächlichen Bedeutung und damit vermutlich mehr im Sinne der Autoren zu benutzen. Häufig setzt sich der Chef des Hauses mit den Schauspielern zusammen, liest ihnen Textpassagen oder ganze Rollen vor, um die Intention des Verfassers deutlich werden zu lassen. Geprobt wird neuerdings nicht mehr auf der Bühne, sondern in einem ganz normalen, allerdings leeren Zimmer – der einzelne Akteur soll seine Phantasie bemühen, um den Gedanken des Verfassers auf die Spur zu kommen.

Drei Spielzeiten lang funktioniert das Modell Immermann – wenn auch mit Kompromissen. Künstlerischer Anspruch und Abhängigkeit von kassenfüllender Unterhaltungsware aber lassen sich letztlich nicht dauerhaft unter einen Hut bringen. Mehr und mehr gerät das Düsseldorfer Theater in Finanznöte, und schließlich sind es fehlende 4000 Taler, die die »Musterbühne« zugrunde gehen lassen. Der Theaterverein allein kann den Verlust nicht auffangen, die Stadt – so imagefördernd das Projekt sich auch entwickelte – verwehrt den Zuschuß. Denn immerhin hat sich in Düsseldorf längst auch eine kritische Einstellung zu Freidenker Immermann und seinem Experiment etabliert. Einflußreiche Kreise bemängeln vor allem die unzureichende Würdigung religiöser Aspekte. Das »Stadttheater« geht in Konkurs und muß seine Pforten schließen – nach 52 Konversationsstücken, 21 Trauerspielen, 18 Opern und 13 Operetten. Auch der König sieht nun keine Veranlassung mehr, den Intendanten noch länger von seinem eigentlichen Brotberuf in der Justiz zu beurlauben. Immermann ist verbittert. »Ich kann den nur glücklich preisen, der nie in Versuchung geriet, sein Streben an das große Nichts unserer Bretter zu verschenken«, sagt er.

Dennoch. Die insgesamt 13 Jahre in Düsseldorf bedeuteten seine produktivste Phase, die noch anhielt, als der Traum vom Theater schon ausgeträumt war. Die Dramen »Merlin« und »Alexis« sind hier entstanden oder vollendet worden, außerdem »Andreas Hofer« und das komische Versepos »Tulifäntchen«. Zu Lebzeiten bereits ein Erzähler von Rang, machen ihn besonders die beiden letzten Romane in der deutschen Literatur zu einem Begriff, der die folgenden Jahrhunderte überdauern sollte. Sowohl in den »Epigonen« wie auch in seinem wohl berühmtesten Roman »Münchhausen« gelingt es ihm, der Zeit kritisch auf den Zahn zu fühlen. Vor allem die Abenteuer des Lügenbarons haben Immermann den Ruf des hellwachen Satirikers eingetragen.

Zwei Jahre nach dem mißglückten Reformversuch am Düsseldorfer Theater geht auch die Verbindung mit der Gräfin von Ahlefeldt in die Brüche. Nun wieder im Amt des Gerichtsrates, heiratet er wenig später die 19jährige Diplomatentochter Marianne Niemeyer und bekennt in einem Brief: »Zum ersten Male in meinem Leben bin ich ganz zufrieden.« Ein trügerisches Glück. Er ist 44 Jahre alt, als seine junge Frau eine Tochter zur Welt bringt, aber nur für kurze Zeit kann er das Gefühl des Vaterseins genießen. Neun Tage nach der Geburt seines Kindes, am 25. August 1840, stirbt Karl Leberecht Immermann an den Folgen einer Lungenerkrankung.

Sophie von Hatzfeldt

Freiheit für die rote Gräfin

Demütigungen ohne Ende: Sieben Jahre dauerte der Spießrutenlauf durch 36 deutsche Gerichte, bis Sophie Gräfin von Hatzfeldt endlich von ihrem grausamen Ehemann geschieden wurde. In Ferdinand Lassalle hatte sie einen Anwalt gefunden, der für ihre Freiheit nicht einmal das Mittel der Bestechung scheute. Der spätere Gründer der deutschen Arbeiterbewegung inszenierte den spektakulären Prozeß zum Politikum.

Die Hochzeitsglocken waren kaum verstummt, als die Braut zu ahnen begann, wie sehr ihr diese Ehe zur Hölle werden sollte. Die düsteren Visionen bestätigten sich nur zu schnell, denn Graf Edmund von Hatzfeldt hatte offenbar keine Sekunde daran gedacht, sein Leben zu ändern und künftig den Ehemann zu mimen. Eher noch intensiver widmete er sich außerhalb von Schloß Kalkum seinen zahlreichen Amouren, die – der Öffentlichkeit weithin bekannt – für die frischgebakkene Gräfin Sophie von Hatzfeldt nur der Anfang einer langen Kette von Demütigungen waren.

Geschmack- und bisweilen gnadenlos: Der Graf fand hin und wieder sogar Gefallen daran, seine junge Frau mit in die Wohnung der Lieblings-Mätresse, Gräfin von Nesselrode, zu nehmen. Während die Gemahlin im Salon zu warten hatte, vergnügte er sich im angrenzenden Schlafgemach hörbar gut mit der Gespielin. Ein kaum vorstellbares Martyrium – mit einer haarsträubenden Vorgeschichte.

Hatzfeldt gegen Hatzfeldt. Der Familienstreit zwischen der gräflichen und der fürstlichen Linie des wohlhabenden deutschen Adelsgeschlechts drohte Anfang des 19. Jahrhunderts schon Tradition zu werden, als man endlich zu einer gütlichen Einigung gelangte. Um jeglichen Zwist ein für allemal aus der Welt zu schaffen, bot Fürst Hatzfeldt dem Vetter schließlich eine seiner Töchter zur Frau an. Graf Edmund ließ sich nicht lange bitten; aber statt zwischen den beiden älteren Schwestern zu wählen, entschied er sich ausgerechnet für das jüngste Kind.

Sophie von Hatzfeldt war knapp 16 Jahre alt, als man sie nach diesem – damals nicht einmal unüblichen – Handel ins Brautkleid zwängte. Am 10. August 1805 in Berlin geboren und zunächst dort auch aufgewachsen, galt das unscheinbare Mädchen zur Zeit der Eheschließung selbst nach Einschätzung von Ärzten als körperlich unterentwickelt, geistig etwas zurückgeblieben und somit kaum heiratsfähig. Den Grafen störte das wenig und offenbar auch nicht die Fürstenfamilie, die den Frieden mit der Verwandtschaft in der glanzvollen Hochzeit aufatmend wiederhergestellt sah. Hinter den Kulissen des jungen Glücks und immer häufiger auch öffentlich aber entwickelte sich ein Psycho-Drama. Um die ehelichen Pflichten hinsichtlich des Nachwuchses erfüllt zu wissen, schlief der Graf exakt viermal im Jahr mit seiner jungen Frau, pflegte ansonsten aber sein exzessives Liebesleben mit etlichen anderen Damen. Mehr als einmal mußte Sophie als Zeugin seiner erotischen Eskapaden mit der anderen Gräfin ausharren, und betroffen erlebten sogar die Dienstboten mit, welches grausame Spiel Edmund von Hatzfeldt mit seiner Frau trieb.

Das war zu der Zeit, als Sophie ihr erstes Kind erwartete; eine Zangengeburt, die das Neugeborene nicht überlebte. Während die Mutter nach der Entbindung fast drei Wochen mit dem Tod rang, stand die Tür zum Nebenzimmer meistens halb offen: Es sollte kein Geheimnis sein, wie köstlich sich der Edelmann derweil mit der anderen Frau zu amüsieren verstand.

Mit den Jahren erreichte das Tyrannentum neue sadistische Dimensionen. Edmund hielt seine Frau auf Schloß Kalkum zusehends wie eine Gefangene, ließ die Gräfin in den kargen Kammern der Hausangestellten wohnen, verbot ihr jeglichen Ausgang oder Besuch und entzog ihr den Zugriff auf die gemeinsamen Finanzen. Häufig soll er sie sogar geschlagen haben. Aber er wußte auch, wie die zierliche Person am tiefsten zu verletzen war: Kaum stellte sich bei den Hatzfeldts gemäß der gräflichen Planung Nachwuchs ein, sorgte der Hausherr dafür, daß das Kind anderswo aufgezogen wurde. Der kleine Alfred und seine Schwester Melanie waren auf diese Weise aus dem Schloß verschwunden, lediglich der 1831 geborene Sohn Paul durfte bei der Mutter bleiben.

Lange Zeit hatte sich Sophie mit ihren Klagen vergeblich der Familie anvertraut. Der Vorstellung einer Trennung sah man dort mit Grausen entgegen, hätte doch der Name Hatzfeldt auf dem Spiel gestanden, wenn das Privatleben der Tochter und ihres Mannes inklusive aller peinlichen Schikanen vor Gericht und damit in der Öffentlichkeit aufgerollt worden wäre. Nur Sophies Bruder wagte einen Versuch der Hilfe, indem er sich mit der Bitte um Vermittlung an König Friedrich Wilhelm IV. wandte. Dieser befahl dem Grafen dann zwar per Kabinettsorder, die geschilderten Zustände abzustellen, erzielte damit aber keinen Erfolg.

Sophies Beichtvater konsultierte schließlich einen Justizrat, der zumindest erwirken konnte, daß die Gräfin sich außerhalb des Schlosses eine Wohnung nehmen durfte. Sophie von Hatzfeldt nutzte die neuerworbene Freiheit zu einer Reihe von Reisen mit ihrem Sohn und lernte in Berlin Ferdinand Lassalle kennen. Der 20jährige Philosophiestudent erkannte in ihr eine außergewöhnliche Frau. Und er spürte: »So tief wie die Ausdehnung ihres Geistes ist das Unglück ihres Schicksals.«

Lassalle weilte besuchsweise in Düsseldorf, als der Graf zu einer neuen Bosheit ausholte und drohte, den Unterhalt für Paul umgehend zu streichen, falls Mutter und Kind sich nicht trennten. Damit war Sophies Entscheidung getroffen. Um jeden Preis und ohne Rücksicht auf den blaublütigen Clan wollte sie die Scheidung, und sie fand in Ferdinand spontan einen Mitstreiter, der auf der Stelle sein Studium abbrach, um sich die nötigen juristischen Kenntnisse anzueignen.

Hatzfeldt gegen Hatzfeldt: Lassalle zieht an der Seite von Sophie für deren Sache vor Gericht – in den Prozeß, der sieben Jahre dauern und zu einem der spektakulärsten der deutschen Geschichte werden sollte. Aufgrund seiner bisherigen Aktivitäten im Sympathisantenkreis revolutionärer Kräfte bereits mehrfach mit der Justiz konfrontiert, inszeniert Lassalle den »Ehescheidungskrieg« zum Politikum, untermauert den Kampf vor dem Kadi mit Aufrufen auf der Straße und in der Presse. Der Mitarbeiter und Verehrer von Karl Marx und Friedrich Engels holt zu einem Generalangriff gegen die Gesellschaftsordnung einer Nation aus, für

Ferdinand Lassalle, Liebhaber und Mitstreiter der Sophie von Hatzfeldt

die – so wörtlich – er sich schäme. »Ich spreche nicht vom niedrigen Volk«, sagt Lassalle, »dieses hat viel Edelmut.«

Der Feldzug gegen den (einfluß-)reichen Aristokraten gerät regelmäßig ins Stocken. Immer wieder wird der hitzige junge Anwalt, der bereits erreicht hat, daß die Öffentlichkeit den Fall ausdauernd diskutiert, wegen Delikten wie »Aufforderung zum Widerstand gegen Staatsbeamte« verhaftet. Seine hartnäckigen dramatischen Auftritte für Sophie aber machen ihn zu einer Figur, die die Geschichte eines Tages als

»Großmeister unter den Gerichtsrednern der deutschen Rechtsgeschichte« feiern sollte.

Und nicht nur in den stürmischen Tagen der Revolution 1848/49 setzt Lassalle – mittlerweile mit Sophie und Paul von Hatzfeldt unter einem Dach wohnend – sein Leben aufs Spiel. Während über Düsseldorf der Belagerungszustand verhängt ist, kommt es immer wieder zu polizeilichen Aktionen im Hause Hatzfeldt. Die Obrigkeit macht Jagd auf Demokraten, für die das Heim von Sophie, Ferdinand und Paul eine gute, weil halbwegs sichere Adresse geworden ist. Selbst als die reaktionäre Macht sich mit dem Ende der Volksaufstände aufrappelt und wieder an Boden gewinnt, findet sich hier immer wieder ein Platz für politisch Verfolgte. Sie erleben Sophie als eine Frau, deren tatkräftiges Eintreten für die Bewegung um so bewundernswerter ist, als ihre persönliche Zukunft nach wie vor ungewiß und der psychologische Druck auf sie enorm ist.

Nachdem sich 36 Gerichte in Deutschland mit der Angelegenheit befaßt und abwechselnd unterschiedliche Urteile verkündet haben, erreicht Ferdinand Lassalle – wohl nicht zuletzt durch die Bestechung eines Advokaten der Gegenpartei – 1851 sein Ziel: die Scheidung wird rechtskräftig! Zwei Jahre danach bekommt Sophie sogar ihren Anteil des Hatzfeldtschen Vermögens zugesprochen. Nach 24 Ehejahren endlich befreit, sieht sie ihren Weg nun immer deutlicher vor sich. »Ich bin Proletarierin wie ihr!« hat sie in den Tagen der Revolution vom Balkon ihres Hauses den auf der Straße versammelten Arbeitern zugerufen. Und längst schon kennt man Sophie überall in Deutschland als »die rote Gräfin«.

Von nun an unterstützt sie Ideen und Arbeit Ferdinand Lassalles, der als Gründer des Allgemeinen Deutschen Arbeiter-Vereins, des Vorläufers aller sozialistischen Parteien Deutschlands, zu einer der wichtigsten politischen Personen des Jahrhunderts wird. Als Präsident der Organisation ist er viel auf Reisen, Sophie begleitet ihn. »Die Frau hat für eine Deutsche viel Energie«, urteilt Karl Marx voller Hochachtung.

Wie sehr ihr die Arbeiterbewegung am Herzen liegt, beweist sich mit dem plötzlichen Tod Lassalles, der nach dem Streit um die Gunst einer Diplomatentochter von deren Verlobten zum Duell gefordert und dabei schwer verletzt wird. Sophie, die bis zum Schluß am Sterbebett ihres engsten Freundes, Vertrauten und vermutlich auch Geliebten sitzt, möchte seinen Sarg in einem Trauerzug durch das ganze Land führen – ein Vorhaben, das die Behörden wegen der zu erwartenden Unruhen in der Bevölkerung verhindern.

Sophie stellt ihre gesamte Existenz und ihr Vermögen in den Dienst der Sache. Zunächst an der Seite des Vereins, später allein und auf eigene Faust kämpft sie bis an ihr Lebensende für die Rechte der Unterschicht. Noch als alte Frau setzt sie sich unermüdlich und »ihrer Zeit weit voraus« (Text einer Gedenktafel) für Freiheit, Gerechtigkeit und geistige Unabhängigkeit ein. Die »Heroine der deutschen Frauen-Emanzipation« (»Der Spiegel«) ist nicht allein, als sie am 25. Januar 1881 in Wiesbaden nach einer schweren Lungenentzündung ihr Ende erwartet. Sophie Gräfin von Hatzfeldt stirbt im Kreis ihrer Kinder, die sie so viele Jahre lang nicht hat sehen dürfen.

Louise Dumont und Gustav Lindemann

Die Priesterin sprach: »Ich bin das Putzweib«

Die Düsseldorfer – eine Horde Banausen? Nicht doch. Aber es mutet seltsam an, daß Louise Dumont und Gustav Lindemann im Ausland mit tosendem Applaus empfangen, daheim jedoch eher schief angesehen wurden. Die Erfahrung der beiden Schauspielhaus-Gründer bestätigt: Der Prophet hat's im eigenen Lande oft schwer. Zumindest am Anfang.

Mit Karl Immermann starb eine Idee. Nach dem Tod des Theaterchefs und Dichters kehrte in Düsseldorf wieder der gewohnte kulturelle Alltag ein. Der große Reformer (1796 – 1840) und seine Musterbühne waren an dieser Stadt, nicht zuletzt am Publikum gescheitert. Ein Regierungsrat hat es später einmal zunächst recht vorsichtig formuliert, wenn er sagte, daß »es in Düsseldorf auf künstlerischem Gebiete sehr sonderbar« aussah. Dann aber wurde er deutlicher: »Im ganzen herrschte Stumpfsinn.«

Um so sensationeller erschien 65 Jahre nach der Ära Immermann der Auftritt zweier weiterer Theaterleute in der Stadt. Louise Dumont, damals 42, und Gustav Lindemann, 32, träumten den gleichen Traum: den ernsthaften Dienst am Dichterwort auf der Bühne Wirklichkeit werden zu lassen – so, wie auch Immermann es gewollt hatte. Dankbar nahm man deshalb die Offerte des Düsseldorfer Oberbürgermeisters Wilhelm Marx an, der von der Vorstellung eines neuen Theaters begeistert war.

Gemeinsam mit dem Schauspieler-Paar gründete er eine Betriebsgesellschaft, warb bei Industrie und Handel Förderer mit so klangvollen Namen wie Poensgen, Heye, Thyssen oder Trinkaus. Das junge Unternehmen sollte in Form eines Privattheaters als GmbH betrieben werden, mit Louise Dumont und Gustav Lindemann als ersten Gesellschaftern. Ein gutes Jahr reichte aus, das Düsseldorfer Schauspielhaus entstehen zu lassen, und im Oktober 1905 feierte man in dem Neubau an der Karl-Theodor-Straße mit Hebbels »Judith« eine Premiere, die Wellen schlug: Dekoration, Kostüme, Sprache und Gestik – nichts erinnerte an das konventionelle und damit wahrhaft theatralische Theater. Hier deklamierte niemand getreu seinem Textheft, hier wurde gespielt, daß man vergessen konnte, inmitten Hunderter anderer auf eine Bühne zu sehen. Ein Beobachter schrieb: »Ich saß da wie vor einer nie geahnten Welt« – während im alteingesessenen Stadttheater die fünfstündige »Wilhelm Tell«-Aufführung zäh vor sich hin dümpelte. Zugegeben, die Mehrheit des rheinischen Publikums tat sich zunächst schwer mit dem Abschied vom Gewohnten. Doch das Debüt des Gespanns Dumont–Lindemann wurde ein grandioser Erfolg. Aber wer waren die beiden, die ein solch riskantes Experiment wagten?

Louise Dumont, Idol einer Schauspieler-Generation, und Gustav Lindemann, der in Düsseldorf ein »Bayreuth des Theaters« zu realisieren versuchte

»Ich gehe zum Theater«, stand auf dem Plakat, das Louise Heynen an einer Berliner Litfaßsäule entdeckte. Die gelernte Näherin sah

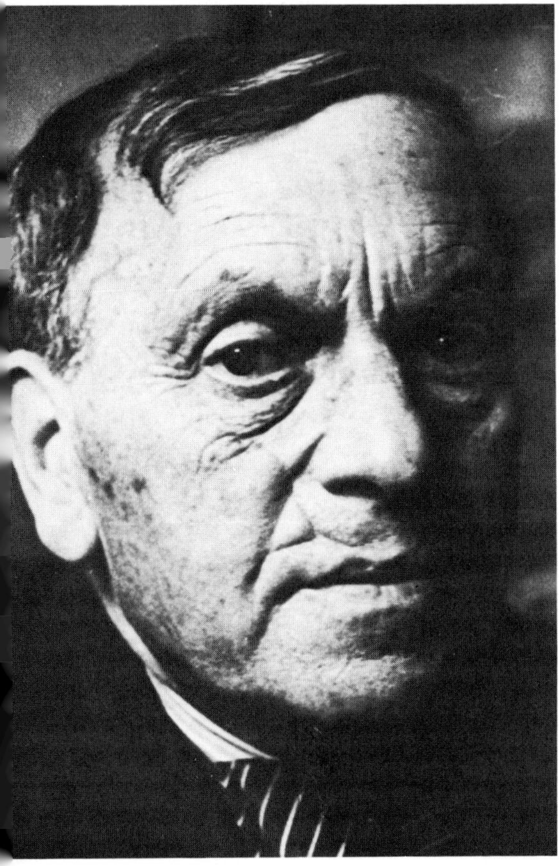

plötzlich eine Hoffnung, ihr Leben grundlegend zu ändern. Am 22. Februar 1862 mitten im Trubel des Kölner Karnevals geboren, war sie an der Seite von zwölf Geschwistern eine äußerst selbständige junge Frau geworden, die schon während der Schule den Haushalt einer Wöchnerin mit fünf Kindern versorgte, um den wirtschaftlichen Schwierigkeiten ihrer Familie zu begegnen. Die Aussicht auf ein Engagement an der Bühne versprach schon Abwechslung. Louise lernte wie besessen die unterschiedlichsten Rollen auswendig, sprach vor und wurde engagiert. Nach ihrem ersten Auftritt – als »Braut von Messina« – nahm sie den Mädchennamen ihrer Mutter als Künstlernamen an: Dumont. In den folgenden Jahren wurde Louise Dumont eine geschätzte Darstellerin. Sie spielte am Burgtheater in Wien, in Stuttgart, Berlin und Weimar, und erfuhr von einer Theatertournee nach Rußland. Ihr Chef: Gustav Lindemann

Der mit 28 Jahren wohl jüngste Theaterdirektor seiner Zeit war am 24. August 1872 in Danzig zur Welt gekommen und hatte nach einer kaufmännischen Ausbildung ebenfalls erkannt, daß sein eigentliches Interesse der Schauspielerei gehörte. Dem Studium der Berliner Bühnenschule waren mehrere Wanderjahre gefolgt, als sich für Gustav Lindemann überraschend die Chance bot, ein kleines Theaterunternehmen zu leiten. Lindemann organisierte die »Ibsen-Tournee«, aus der aufgrund des großen Erfolges kurze Zeit später schon die »Internationale Tournee Gustav Lindemann« wurde. Mehr als an einem festen Provinztheater ließen sich seine Ideen auf der reisenden Bühne verwirklichen, doch seine Vorstellungen eines deutschen Theaters gingen weiter.

In seinem neuen Ensemble-Mitglied Louise Dumont fand er einen Menschen mit ähnlich großen Plänen. Gemeinsam hatten sie es geschafft. Das neue Düsseldorfer Schauspielhaus wurde der Ort, an dem die Reform gelungen schien und die Dichtung zu ihrem Recht gelangte: wo Sachlichkeit das Pathos von der Bühne vertrieb und Sprache tatsächliches Instrument der Aussage war. Diese Art der Inszenierung – damals revolutionär, heute Grundlage – fand ihre Anhänger, aber wenige Monate nach der Eröffnung auch schon erbitterte Gegner. Nicht nur das neuartige Drama, auch der recht weltoffene Spielplan forderte die Kritiker heraus, und schließlich blieb noch ein weiteres großes Problem – das Publikum. Kurios: Während die Düsseldorfer noch nörgelten, wurde die Dumont/Lindemann-Bühne bei Gastspielen im In- und Ausland bereits begeistert gefeiert. »Das Düsseldorfer Schauspielhaus – die Musterbühne par excellence«, urteilte die Pariser Zeitung »L'Illustration« nach einer Vorstellung an der Seine und sprach in einem ausführlichen Bericht von »edler, dramatischer Kunst«.

So waren es vor allem die Jubelrufe von außerhalb, die die Theaterfreunde am Rhein erst auf den Wert ihrer Bühne aufmerksam werden ließen. Dennoch blieb es ein ständiger Kampf, das Theater am Leben zu erhalten. »Überall wußte man die Arbeit des Düsseldorfer Schauspielhauses mehr zu würdigen als in Düsseldorf selbst«, hielt Lindemann fest, der als Direktor nun auch genötigt war, Boulevardstücke aufzuführen, um die großen Inszenierungen überhaupt zu ermöglichen. Das Ringen um Zuschüsse – nicht zuletzt für die dem Haus angeschlossene Hochschule für Bühnenkunst – zehrte zusätzlich an den Kräften von Lindemann und Louise Dumont, die zwischenzeitlich ein Ehepaar geworden waren.

Mit der Inflation geriet das Schauspielhaus in Schwierigkeiten, die das Ende befürchten ließen. Nachdem die Stadt Düsseldorf das Stadttheater gekauft hatte und nun direkter Konkurrent des Schauspielhauses war, konnte mit weiterer Unterstützung kaum gerechnet werden. Die Dumont/Lindemann-Bühne wurde zwangsweise verpachtet und konnte erst durch die Rettungsaktion der »Gemeinschaft der Freunde des Schauspielhauses« fast zwei Jahre später wieder ihre Arbeit aufnehmen. »Wenn ich trotzdem weitermache, so geschieht das, weil ich nicht aufhören darf, den Theaterboden zu scheuern, für eine künftige hellere Zeit – wenn Deutschland noch eine Zukunft hat«, schrieb Louise Dumont in dieser Zeit und bezeichnete sich als »das ärmste Putzweib des deutschen Theaters«.

Die Nachwelt hat ihr einen anderen Titel zugedacht. Als »Priesterin des modernen Theaters« wurde Louise Dumont betrauert, als sie am 16. Mai 1932 starb, während in ihrem Schauspielhaus gerade »Faust II« gegeben wurde. Ganz im Sinne der Chefin spielte das Ensemble die Vorstellung zu Ende. Zu dieser Zeit verhandelte Gustav Lindemann gerade mit Konrad Adenauer. Der – erstens Oberbürgermeister von Köln und zweitens hochgradig kulturinteressiert – hatte dem Düsseldorfer Theatermacher die Generalintendanz für das »Deutsche Theater am Rhein« angeboten, der erdachten Fusion zwischen Schauspielhaus und den Städtischen Bühnen Köln. Die wachsende Nazi-Herrschaft machte derlei Pläne sofort zunichte: Als gebürtiger Jude erhielt Lindemann Arbeitsverbot, mußte das Schauspielhaus sogar an die Stadt abtreten. Daß er selbst den Holocaust überlebte, ist zwei Freunden zu verdanken. Sein ehemaliger Schüler Gustaf Gründgens und der bekannte Düsseldorfer Kunstmäzen Ernst Poensgen schützten Lindemann gegen den Zugriff der Nationalsozialisten.

So wurde er während der Trümmerjahre einer derer, die maßgeblich am Wiederaufbau des Düsseldorfer Kulturlebens teilnahmen. Erneut die Leitung des Schauspielhauses zu übernehmen, lehnte Lindemann jedoch entschieden ab. »Ich will mich für den Rest meines Lebens nur noch in künstlerischer Arbeit verausgaben«, hatte er sich beim Tode seiner Frau geschworen. Dabei blieb es. Der große deutsche Theatermann starb am 5. Mai 1960 im Alter von 88 Jahren.

Emanuel und Franz Zangerle

Charlie Chaplin, ein Holzkopf aus Düsseldorf

Ob in Moskau oder Washington - überall wurde das Rheinische Marionettentheater begeistert empfangen. Daß sich Düsseldorf heute als Heimat dieser kleinen Bühne rühmen kann, ist einerseits Zufall, andererseits Verdienst der Brüder Emanuel und Franz Zangerle. Denn eigentlich begann die Geschichte ja in Köln, genauer gesagt: auf einer Brücke. Unten rauschte das Wasser und oben der Applaus.

Eine einzigartige Adresse, auch wenn die Besucher eine ganze Menge Stufen erklimmen mußten, um den Zuschauerraum zu erreichen. Die Herren Zangerle & Zangerle ließen bitten: Vorhang auf für das »Theater Rheinischer Marionetten« im Torturm der alten Hohenzollernbrücke in Köln, derweil tief zu Füßen der Gäste und Akteure Vater Rhein in seinem Bett vor sich hin murmelte. Mit Hilfe der Stadt hatten die engagierten Puppenspieler hier endlich eine feste Bleibe gefunden, für ganze zwei Mark im Monat, als sogenannte Anerkennungsgebühr. Die Stadtväter werden seinerzeit erkannt haben, wie ernst die beiden jungen Männer das Spiel mit den beweglichen Figuren nahmen – und wie gut eine derart originelle Spielstätte Köln zu Gesicht stand. Immerhin war das Künstler-Duo in der Domstadt längst ein Begriff: Emanuel und Franz Zangerle, Jahrgang 1900 und 1904, hatten ihre Liebe zum Puppentheater schon als Kinder entdeckt. Sprößlinge einer Schreinerfamilie, war ihnen der Umgang mit Holz und Werkzeug seit der Kindheit vertraut, und als eifrige Besucher des Kölner Hänneschentheaters begannen sie bald, erste eigene Figuren herzustellen. Mit der Erlaubnis, in der Diele der elterlichen Wohnung eine dauerhafte Bühne einzurichten, wurde der Umgang mit den Puppen dann fester Bestandteil ihres Alltags.

Die Kunst, die kleinen Gestalten scheinbar zum Leben zu erwecken, faszinierte Emanuel Zangerle so sehr, daß er Theaterwissenschaften und Philologie studierte, während sein Bruder sich auf den Beruf des Lehrers vorbereitete. Beide ließen keine Gelegenheit aus, die Vorstellungen in Köln gastierender Marionettentheater zu besuchen. Eine Tournee des berühmten Italieners Vittorio Podrecca soll die beiden schließlich bewegt haben, sich ganz und gar dem Metier zu verschreiben. Anders als die Stockpuppen im Hänneschentheater schienen die Marionetten bisweilen tatsächlich lebendig. Die vielen Möglichkeiten ihrer Bewegung erzeugten die Illusion einer beinahe realistisch zu inszenierenden Welt im Kleinen.

Unterstützt von ihren Freundinnen begannen die Brüder, ein Theater aufzubauen, wobei Emanuel Zangerle sich als wahres Multitalent erwies. Bildhauer, Bühnenbildner, Autor, Regisseur und Techniker in einem, wurde er zur Hauptfigur des kleinen Kulturunternehmens, das bald schon mit seinen Auftritten in Kölner Pfarrsälen für Furore sorgte. Der Erfolg kam nicht von ungefähr; nicht zuletzt die präzise Ausarbeitung der Text- und Spielvorlagen machten jede Aufführung zu einem echten Erlebnis. Nachdem neben Klassikern wie dem »Gestiefelten Kater« auch rheinische Stoffe ins Repertoire aufgenommen wurden, war dem Theaterbetrieb sein Publikum sicher. Ganz besonders treu aber blieben die Zangerles »Dr. Faust«, der auch zur Premiere im Brükkenturm gegeben wurde.

Gelegentliches Improvisieren verhalf dem Spiel der Brüder zu einer noch markanteren Handschrift. Daß beispielsweise der Schnellzug aus Hamburg mitten in der Vorstellung über die Gleise der Brücke donnerte und das Turm-Theater erzittern ließ, blieb nicht lange ein Ärgernis: Die Zangerles schrieben das Stück kurzerhand dem Fahrplan auf den Leib und konnten auf diese Weise ihren Faust mit dem unvermeidlichen Getöse eindrucksvoller als zuvor zur Hölle fahren lassen. Meistens jedenfalls. Rauschte der Zug mit Verspätung an, mußte aus dem Stegreif gespielt werden – oft eine Viertelstunde lang.

Das war um 1930. Aus den Freundinnen waren Ehefrauen geworden, aus der Liebhaberei zweier Kinder ein Beruf, ein festes Unternehmen. Die beiden Zangerle-Familien bauten die Räumlichkeiten der Brücke in liebevoller Kleinarbeit zu einem wahren Schmuckstück aus. Das »Theater Rheinischer Marionetten« bot über hundert Gästen Platz, verfügte über eine Drehbühne, drei Logen, ein prächtiges Foyer und eine Garderobe. Das poetische Spiel der Holzköpfe wurde zur Lebensaufgabe. Jeder der Zangerles hatte seine Aufgabe, sei es als Kartenabreißer, Beleuchter oder am Süßigkeitenstand, vor, hinter und vor allem über der

Bühne, wo das Team um Prinzipal Emanuel die Fäden in der Hand hielt, um die Puppen laufen, sitzen, lachen, weinen oder – auch das – tanzen zu lassen. Nur eines war nicht eingeplant: der Krieg. Marionetten und Theater im Turm mußten mit Beginn des Polenfeldzuges einer Wachkompanie weichen, Emanuel und Franz Zangerle wurden mehrfach abkommandiert, mit einigen Puppen die Soldaten an der Westfront bei Laune zu halten. Aufführungen, wie man sie sich eigentlich nicht gewünscht hatte, aber es sollte noch schlimmer kommen. In einer Bombennacht verloren die Zangerles ihr Zuhause und wurden nach Frankfurt evakuiert.

Ein Neubeginn stellte sich erst nach dem Krieg in Aussicht. Aus der Gefangenschaft entlassen, fanden sich die zwischenzeitlich getrennten Familien in Steinau/Spessart wieder zusammen. Mittlerweile auf sieben Personen angewachsen, begannen die Zangerles, im Schloß des Grafen von Hanau ein neues Theater einzurichten. Drei Jahre dauerte es, bis man in den umgebauten Pferdeställen des Anwesens das Spiel der »künstlichen Menschen an Fäden« (Programmheft) präsentieren konnte. Und erneut war es »Dr. Faust«, mit dem das Theater seinen Einstand gab.

1954 gelang es den Familien endlich, wieder ins Rheinland überzusiedeln – nach Düsseldorf. Beim Aufbau der nunmehr vierten Bühne legte auch ein 14jähriger Junge bereits kräftig mit Hand an: Emanuel Zangerles Sohn Winfried, der wie sein Vater und Onkel frühzeitig von der Faszination des Marionettenspiels ergriffen war. Der Neuanfang gestaltete sich mühsam, die Einrichtung des Theaters in der Wallstraße 33 erforderte das Zupacken aller verfügbaren Mitstreiter. Während die Ehefrauen Elly und Louise in ihren erlernten Berufen das finanzielle Fundament für die Aufnahme des Spielbetriebs verdienten, arbeiteten die übrigen Zangerles an der Ausstattung des Hauses.

Dem Düsseldorfer Publikum bereitete es keine Mühe, »sein« Marionettentheater ins Herz zu schließen, von der ersten Vorstellung an fand die Zangerle'sche Kunst in ihrer neuen Heimat großes Interesse und viele Freunde. So sorgsam Hausherr Emanuel die Stücke ausarbeitete, so perfekt wurde ihre Aufführung in den nächsten Jahren, als man die noch junge Technik des Tonbandgeräts fürs Theater einsetzen konnte. Hatte man bisher Musiker, Sänger und Sprecher bemühen müssen, war die akustische Untermalung des Spiels nun wesentlich unkomplizierter geworden. »Schallplatten singen für Max«, schrieb die »Neue Rhein-Zeitung« 1957 über die »Freischütz«-Premiere in der Wallstraße und lobte die ernsthafte Interpretation des Stoffes. Und mit einer ganzen Reihe ebenso hochwertiger Neuinszenierungen aus Emanuel Zangerles Feder blieb das »Theater Rheinischer Marionetten« in der Folgezeit ein Publikumsmagnet.

Weihnachten 1964 wurde für die Schauspieler-Familie ein trauriges Fest. Mit einem Repertoire von zehn Stücken schienen die finanziellen Sorgen der letzten Jahre gerade halbwegs vergessen, als den Zangerles beinahe sprichwörtlich die Decke auf den Kopf fiel: Bei Bauarbeiten auf dem Nachbargrundstück wurde eine Wand des Theaters so sehr beschädigt, daß die Behörden wegen drohender Einsturzgefahr die Schließung anordneten.

Im Haus Bilker Straße 7 in der Altstadt fand man ein geeignetes Domizil für den fünften Neuanfang. »Ein Platz, wie ich ihn mir schöner und würdiger nicht vorstellen kann«, urteilte Emanuel Zangerle, obschon er den letzten Schicksalsschlag nur schwer verkraftete. Sohn Winfried stand bereits mit beiden Beinen fest im Familienunternehmen, als der Gründer des Rheinischen Marionettentheaters an seinem 67. Geburtstag am 29. August 1967 starb. Winfried Zangerle hatte offenbar nicht nur die Liebe zum Theater, sondern auch die ganz besondere Begabung zum Umgang mit den Puppen geerbt. Gemeinsam mit seiner Frau Ursula übernahm er an der Seite von Onkel Franz die Leitung des Familienunternehmens und gab mit der puppengerechten Umsetzung von »Hänsel und Gretel« einen Einstand, wie er

Winfried Zangerle posiert mit dem »kleinen Prinzen« 1975 in Moskau

gelungener kaum hätte sein können. Als Absolvent der Düsseldorfer Werkkunstschule stand er in der Herstellung neuer Figuren den Fertigkeiten seines Vaters in nichts nach und schaffte es in kurzer Zeit, den Darstellern an den dünnen Fäden einen ganz eigenen Charakter zu verleihen. Und er sorgte für ein Marionetten-Ereignis ganz besonderer Art: Nach langen Verhandlungen erhielt er von Bertold Brechts Witwe die Erlaubnis zur Aufführung der »Dreigroschenoper« samt dem Original-Regiebuch mit den eigenhändigen Eintragungen des Autors.

Dank Winfried Zangerles Einfallsreichtum entwickelte sich das Marionetten-Theater weiter. Verkleinerte Ebenbilder von Prominenten wie Charlie Chaplin, Marcel Marceau, Louis Armstrong und dem berühmten Geiger Yehudi Menuhin traten ins Rampenlicht, mit neuen Ideen und Inszenierungen wurde auch dem Geschmack der Zeit Rechnung getragen. Sogar sechs Pariser Cancan-Tänzerinnen wirbelten stilecht über die Bretter, als sein Stück »Wir sind aus gutem Holz geschnitzt« Premiere feierte. Engagement und Erfolg des Neffen zeigten Franz Zangerle schließlich, daß er sich beruhigt aus dem Theater zurückziehen konnte. Noch einmal mußte der Spielbetrieb vorübergehend eingestellt werden – aber aus eher erfreulichem Anlaß. Während die Stadt das ins Düsseldorfer Leben fest integrierte Theater umbaute, gingen die großen und kleinen Mitarbeiter auf Reisen. Im Auftrag des Goethe-Instituts gastierten die Zangerles in Moskau, wo sie von Publikum und Presse ebenso gefeiert wurden wie anläßlich späterer Auftritte in Jugoslawien, der Schweiz oder den Vereinigten Staaten. Die Düsseldorfer Volksbühne blieb ihrem Auftrag treu, der in einem Interview einmal so beschrieben wurde: »Eine Aufführung soll wie ein Familienfest sein oder wie ein Spaziergang durch den Wald und die schönen bunten Wiesen.«

Als Winfried Zangerle 1980 – am gleichen Datum wie sein Vater – starb, übernahm seine Frau Ursula das Theater. »Bis zu zehn Pfund wog eine Figur, und die Dickbäuchigen konnten nur von den Männern gespielt werden«, erinnert sie sich an die langjährige Zusammenarbeit mit ihrem Mann, der von seinen Mitspielern bis zu 500 Proben für eine Premiere forderte. Eine häufig schweißtreibende Tätigkeit, denn immerhin vollführte der Spieler – für den Zuschauer unsichtbar – auf einem schmalen Steg zwei Meter über der Bühne die gleichen Bewegungen wie die Marionette an ihren bis zu 40 Fäden und verharrte dabei oft für Stunden in gebeugter Haltung. Anstrengend ist der Beruf immer noch, und bewußt hat Ursula Zangerle die künstlerischen Aufgaben einem Puppenspieler wie Anton Bachleitner übertragen: Auch der heutige Leiter begann sehr früh, sein Leben vollends dem Marionettentheater zu widmen: mit zwölf.

Arno Breker

Hitlers Liebling in der Heldenschmiede

Arno Breker war der größte deutsche Bildhauer. Sagt Ernst Fuchs. Und muß sich Widerworte gefallen lassen. Denn anders als der Wiener Maler geizen viele Kunstkenner mit Ovationen, wenn es um Person und Werk des Düsseldorfers geht, dessen Heroen die Nazis so über alle Maßen entzückten. Wie kommt es, daß Breker bis ins Grab hinein umstritten blieb? – »Als Buhmann wählen sich die Zwerge immer den Größten.« Sagt Fuchs.

Der Fall Arno Breker belegt, daß die Zeit längst nicht alle Wunden heilt. Neigt man gemeinhin dazu, Toten im Sinne der letzten Ehre Schattenseiten zu verzeihen, ließen es die meisten Feuilletonisten in ihren Nachrufen nicht an kritischen Tönen fehlen, als der große deutsche Bildhauer am 13. Februar 1991 gestorben war. Und massive Kritik, häufig auch Anfeindungen und Beschimpfungen, hatte der Künstler erfahren, seit er im Dritten Reich zum Handlanger der Nationalsozialisten und ihrer Ideologie wurde. Recht unauffällig und ohne nennenswerte öffentliche Auftritte lebte Breker schließlich in Düsseldorf-Lohhausen, arbeitete mit fast 91 Jahren täglich noch sechs Stunden lang in seinem Atelier. Vergeben – mag sein; aber vergessen hatte man dem alten Mann nichts.

Zu spektakulär war seine Arbeit im Dienste der Nazis, zu deutlich bedienten sich seine Werke einer Sprache, wie sie den Vätern des Tausendjährigen Reiches nicht willkommener hätte sein können: Arno Breker erschuf Helden. Monumentale Skulpturen, vor Kraft strotzende Kämpfer, zumeist starre Symbolfiguren, deren Konterfei und Korpus so recht den braunen Wunschvorstellungen eines arischen Menschentyps entsprachen. Der begabte Skulpteur avancierte damit zum Hofbildhauer Adolf Hitlers – Höhepunkt einer rasanten Künstler-Karriere.

Arno Breker wurde am 19. Juli 1900 im heute zu Wuppertal gehörenden Elberfeld als Sohn eines Steinmetzen und Bildhauers geboren. Er studierte an der Düsseldorfer Akademie Architektur und Plastik, ging dann als 27jähriger nach Paris. Die Boheme-Zeit im Kreis von Avantgarde-Größen wie Aristide Maillol und Jean Cocteau war späterem eigenem Bekunden zufolge die glücklichste Phase seines Lebens, unter dem Einfluß der Rodin-Schule mag sie überdies äußerst lehrreich gewesen sein. Max

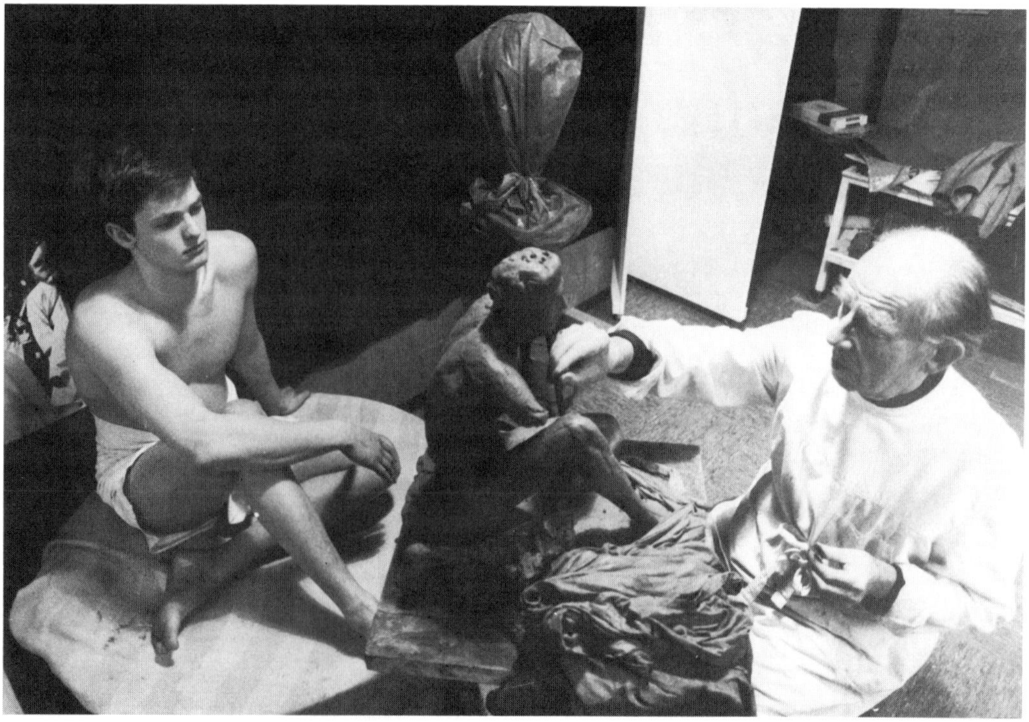

Liebermann holte den talentierten jungen Mann zu Anfang der 30er Jahre nach Berlin, förderte ihn und wurde sein väterlicher Freund. Auf Wunsch der Witwe fertigte Breker schließlich auch Liebermanns Totenmaske an.

Seine Arbeiten, vorwiegend Porträts, waren beachtlich, aber den Durchbruch zum bekannten Bildhauer sollten ihm erst die beiden Bronzeplastiken »Zehnkämpfer« und »Die Siegerin« verschaffen. Entworfen für den künstlerischen Wettbewerb zu den Olympischen Spielen 1936, brachten sie Breker die Silbermedaille ein – mit einer überaus vielversprechenden Kehrseite, wurden nun doch die Nationalsozialisten auf ihn aufmerksam. Als Breker vom obersten Nazi-Architekten Albert Speer zum Gespräch bei Adolf Hitler begleitet wurde, mochte er noch nicht geahnt haben, daß er schon bald Führers Liebling sein würde. »Künstler haben von Politik keine Ahnung, da sind sie wie Parsifal – die reinen Toren«, soll Hitler einmal gesagt haben. War Breker ein Tor?

Es gab viel zu tun für einen Bildhauer. Breker meißelte riesenhafte Skulpturen für die neue Berliner Reichskanzlei und stattete zahlreiche weitere Monumentalbauten des Dritten Reiches mit steinern-stolzen Symbolen aus. Von immer neuem Lob überhäuft, steuerte er zur Kulisse des Zeppelinfeldes Arbeiten mit so klangvollen Titeln wie »Kampf«, »Rache« oder »Vernichtung« bei und perfektionierte seinen Stil – muskelbepackte Recken von formaler Glätte, Herrenmenschen eben. Hitler wußte solches Engagement zu honorieren: Breker erhielt Schloß Jäckelsbruch zum Geschenk, dirigierte in seinem dortigen Atelier bisweilen mehr als 40 Mitarbeiter, darunter auch Kriegsgefangene. Immer größer und wuchtiger wurden seine propaganda-konformen Skulpturen. Einen »Partei-Stukkateur« sollen Bildhauer-Kollegen ihn damals genannt haben. Hat Breker das gestört?

Mit dem Zusammenbruch des Dritten Reiches fanden sich die Heroen am Boden zerstört: Der Großteil des Brekerschen Werkes wurde unter den Trümmern des Krieges begraben, Breker selbst kam indessen glimpflich davon. Bei der Entnazifizierung reihte man den Künstler als »Mitläufer« ein, gegen eine Zahlung von 100 Mark war seine Mitwirkung an diesem Kapitel deutscher Geschichte erledigt. Tatsächlich wird von mancher Ungehorsamkeit Brekers gegenüber seinen ehemaligen Dienstherren berichtet. So habe er sich während der Besetzung von Paris durch die Deutschen persönlich für politisch und rassisch verfolgte Personen eingesetzt. Brekers Fürsprache soll unter anderem die Freundin seines einstigen Lehrers Maillol vor dem Tod im KZ, außerdem Pablo Picasso vor dem Zugriff der Gestapo bewahrt haben.

Dennoch hatte sich Breker in der Nachkriegszeit einer Fülle von Vorwürfen zu stellen. Er tat es zaghaft – für viele Zeitgenossen zu zaghaft, selbst in seinen 1970 erschienenen Memoiren »Paris, Hitler und ich«. »Ich war nur Bildhauer«, beharrte Breker dort. Genauer noch: »Bildhauer des Menschen, des Dreiklangs der Schönheit von Körper, Geist und Seele«. Erst elf Jahre später folgte eine weitere Erklärung, noch immer aber von Zurückhaltung geprägt. Er habe in der besagten Zeit einem Regime gedient, »dessen Verbrechen, dessen Unmenschlichkeit, dessen Unwertigkeit gerade mir weder bewußt, noch von mir unterstützt wurden«, ließ er der Öffentlichkeit 1981 durch seinen Anwalt verkünden. Das freilich reichte kaum aus, die Kritiker im nachhinein mit einer Rechtfertigung zu bedienen, dennoch schien ihm die Aussage Bedürfnis gewesen zu sein.

Immerhin war Breker zu dieser Zeit – wenn auch vorzugsweise im Stillen – als Bildhauer längst wieder gut im Geschäft. Politiker vom Range eines Konrad Adenauer, Charles de

Modell und Meister: Arno Breker verstand es, athletische Körper noch eine deutliche Spur kraftvoller wirken zu lassen

Gaulle oder Anwar-el-Sadat hatten dem Meister bereits Modell gesessen, später porträtierte er auch deutsche Vorzeige-Sportler und sonstige Prominente. Die Hochspringerin Ulrike Meyfarth und der Zehnkämpfer Jürgen Hingsen etwa, oder die schrille Adelige Gloria von Thurn und Taxis und das Kunstsammler-Ehepaar Irene und Peter Ludwig gaben bei Breker ihr Bild als Büste in Auftrag. In Stein oder Bronze festgehalten ist auch das Antlitz zahlreicher Freunde, die nie an der Integrität des Künstler gezweifelt hatten. Die Einschätzung »Gott ist das Schönste und Arno Breker sein Prophet« beispielsweise wird Salvador Dali zugeschrieben, der Wiener Maler Ernst Fuchs erhob Breker in einem Nachruf für eine überaus bekannte Boulevard-Zeitung gar zum »größten deutschen Bildhauer«.

Doch das nimmt nicht jeder Kunstkenner ohne Widerspruch hin. Anläßlich des Todes von Breker kommentierte etwa die »Westdeutsche Zeitung« sein Oeuvre weitaus nüchterner: »Kälte, Fremdheit, Starre strahlen seine Statuen und Bronzen aus, die Unbelebtheit eines forcierten Menschenbildes, das, so sehr es idealisierte, paradoxerweise dennoch niemanden edler, sondern alle austauschbar macht.« Die »FAZ«: »Brekers Nachkriegswerk dementiert nicht die ideologische Produktion. Es bleibt beim platten Manierismus, dem Kult der Oberflächen. Produziert wird bis zum Schluß viel kommerzieller und erotischer Kitsch.« Und die »Süddeutsche«: »Auch wenn das Ergebnis wieder nur banale Heroen ... waren, für seine Fangemeinde blieb er ... der Inbegriff des zu Unrecht verfolgten, des geschmähten Künstlers.«